ジュニスタ Iwanami Junior Start Books

ボードゲーム
づくり入門

Takahashi Shimpei
高橋晋平

岩波書店

この本の内容

- この本では、「ボードゲームのつくり方」をていねいに説明します。

- 著者の高橋晋平さんはおもちゃクリエーターです。また、全国の学校の「探究」の授業でボードゲームのつくり方を教えています。

- ボードゲームづくりは、自分を成長させ、人生をもっとワクワクさせてくれる最高の探究活動です。

- ボードゲームで遊んだことがないという人でも、この本を読めばきっと作ってみたくなるはずです！

はじめに
ボードゲームを作ってみよう！

　ボードゲームで遊んだことはありますか？　有名なものでいうと「人生ゲーム」「オセロ」「UNO」など。電源を使わないゲームをボードゲームとよびます。自宅で持っている人もいるでしょうし、最近では図書館などにも置かれていたりするので、遊んだことがある人も多いと思います。

　では、ボードゲームを作ったことはありますか？　遊んだことはあっても、作ったことがある人は少ないのではないでしょうか。

　この本は、ボードゲームづくりのすべてを流れにそって学べる本です。

　僕の名前は高橋晋平といいます。職業はおもちゃクリエーターです。2004年におもちゃメーカーの株式会社バンダイに

入社し、その後、株式会社ウサギという自分の会社を作って社長になり、おもちゃ・ゲーム・クイズやアプリなどの遊びコンテンツを作る仕事を続けています。代表作は『∞プチプチ』という商品。壊れやすいものを包むおなじみの気泡シート「プチプチ®」を見るとつい指でつぶしてしまう現象をヒントに作った、指でプチプチして感触や音を楽しめるストラップ玩具です。発売初年度に国内外累計335万個を販売する大ヒット商品になりました。

　そして実は、おもちゃのジャンルの中で僕が最も多く作っているのがボードゲームです。これまで企画開発や製作に関わり、世の中で発売・発表されたボードゲームは50種類以上。高校生のときに作ったボードゲームが、入社したバンダイから『瞬間決着ゲーム シンペイ』というゲーム名で発売されたこともあります。このゲームはテレビ番組や雑誌でもたくさん紹介され、多くの子どもたちやファミリーに遊んでもらいました。このゲーム名「シンペイ」は僕の下の名前、本名です。自分の名前が付いたゲームが国内外で発売されたわけです。すごいことですよね！

　現在は、いろいろな会社や地方自治体などからボードゲーム

はじめに　v

を作りたいとの相談を数多く受け、ルールづくりやデザインなどのお手伝いもしています。

　また、僕は全国の小学校、中学校、高校、大学などさまざまな学校の「探究」にまつわる授業でボードゲームのつくり方を教えています。生徒さん、学生さんが作った面白いボードゲームをたくさん見てきましたし、それらの一部は発売されたりもしました。これからも、ゲームづくりの素晴らしさを1人でも多くの人に伝えたいと思っています。

　でも、どうしてボードゲームを自分で作るだけでなく、つくり方を学校の生徒さんにまで教えているのでしょう？

　それは、ボードゲームづくりには、人生で大切なことがたくさん詰まっているからです。

　誰かが作ったゲームを遊ぶだけでなく、自分でゲームを作れば、自分が本当に好きなことややりたいことが見つかり、それを深めていくことができます。ゲームづくりは、自分を成長させ、人生をもっとワクワクさせてくれる最高の探究活動です。

図1 僕の代表作『∞プチプチ』（左、中央）と『瞬間決着ゲーム シンペイ』（右）©BANDAI

ゲームを作るなんて難しそう、と思うかもしれませんが、この本で考え方の順番をていねいに解説しますので、ご安心ください。ボードゲームを遊んだことがないという人でも、この本を読めば作ってみたくなるはずです。

それでは、さっそくボードゲームのつくり方を順にくわしく説明していきましょう！

※「プチプチ」「∞プチプチ」は川上産業株式会社の商標登録商品です。

はじめに　vii

目次

この本の内容
はじめに

第 1 章
ボードゲームづくりは「人生の探究」だ！ ……… 1

第 2 章
ボードゲームを知り、分析しよう ……… 13

 好きなゲームと、仕事や勉強の進め方の関係　32

第 3 章
ボードゲームのルールは「起承転結」で考える ……… 35

コラム2　意外なアイデアを生み出す！「アイデアしりとり」　55

 コラム3　100円ショップアイテムを使ってどんどん試作しよう　66

 コラム4　アイデアづくりは、「量」の勝負　72

第4章
自分のゲームを形にして、人に遊んでもらうために ················ 87

おもな参考文献 ·· 111

おわりに　世界のすべてがゲームになったら ················ 113

章扉・本文イラスト：bitz

目次　ix

第1章

ボードゲームづくりは「人生の探究」だ!

「人生ゲーム」の作者は、
なぜ人生ゲームを作ったのか

　人生ゲームという日本一有名なボードゲームがあります。このゲームはもともとアメリカで誕生し、1968年に日本語版が発売され大ヒットしました。

　人生ゲームは、1860年のアメリカで、ミルトン・ブラッドレーという24歳の若者が、人生で起こるできごとをボードゲームにしたことがはじまりだそうです。ボードのマスに、ポイントが獲得できる「よい行いのマス」と、1回休みなどになってしまう「悪い行いのマス」の2種類があり、多くのポイントを得られるように進んでいくゲームでした。ミルトンは、ゲームを通して悪い行いを減らし、よい行いを増やすことをすすめたいと考えてこのゲームを作ったのです。

　誰もが自分の人生というものに関心を持っています。大人はもちろん自分や家族の人生を深く考えながら生きているし、子どもだって将来の夢やなりたい職業を思い浮かべるなどして

2

図2 ミルトン・ブラッドレーが作った初期の人生ゲームのカバー(左)とボード(右)

自分の人生に興味を持つものです。

人生ゲームは形を変えながら、時代を超えて愛されるロングセラー商品になりました。

世界中の人を喜ばせた人生ゲーム。そのはじまりは、作者が自分の「関心ごと」をゲームにしたことでした。

僕の会社が手がけた一番のヒット作は「イライラを減らすゲーム」

僕はこれまで数多くのボードゲームを作って世に出してきま

第1章　ボードゲームづくりは「人生の探究」だ！　3

したが、その1つに「アンガーマネジメントゲーム」という
カードゲームがあります。これは、遊んでいるうちに不思議と
イライラすることが減っていくゲームです。このゲームを作っ
たきっかけは、一般社団法人日本アンガーマネジメント協会と
いう、怒りの感情とうまく付き合う方法を普及させている方々
から製作の相談をされたことでした。僕はすぐにその企画に
興味を持ち、そのゲームを自分の手で完成させたくてたまらな
くなりました。なぜなら当時、僕はイライラしやすい性格にな
ってしまっていたからです。

　その頃、わが家には小さな子どもが2人いて、子育てで
日々大変なことがいろいろと起きていました。妻と僕はお互い
にイライラし、ケンカも多くなりました。イライラするのは思
った以上につらいし、嫌だなと思いました。ちょうどそのタイ
ミングでこのゲーム開発の話が挙がったので、「自分や家族の
ためにも作ってみたい！」と思ったのです。

　そうして完成したアンガーマネジメントゲームは想像以上の
ヒット商品になり、2025年現在はオセロやルービックキュー
ブを販売している株式会社メガハウスから『アンガーマネジメ

4

図3 遊んでいるとだんだんイライラしなくなってくる『アンガーマネジメントゲーム 怒りのツボ・当て〜る！』

ントゲーム 怒りのツボ・当て〜る！』という商品名で販売されています。家庭や会社、SNSのやりとりなどでイライラすることは多いもの。たくさんの人が「イライラを減らしたい」と感じていたため、アンガーマネジメントゲームは広く遊ばれるヒット商品になりました。でも結局、このゲームが生まれて一番得をしたのは自分です。イライラを減らすゲームを試行錯誤して完成させたことで、僕自身のイライラしやすい性格が直ったのです。

自分の「好き」「得意」「やりたい」「叶えたい」をボードゲームにしよう！

この本はまだ始まったばかりですが、ここまで読んでくれた

あなたは今、ボードゲームを作ってみたいと思っていますか？
ボードゲームづくりに関心があるからこの本を読み始めてくれた人も、何となく読んでくれている人もいると思いますが、僕は全員にボードゲームづくりを強くおすすめします。

　ボードゲームのつくり方は、この本の３章からくわしく説明しますが、まず１つ基本のお話を伝えます。

　ボードゲームを作るときにまずやることは、自分の

• 好きなこと
• 得意なこと
• やりたいこと
• 叶えたいこと

などの「関心ごと」あつめです。あなたが作るゲームのテーマは、あなたの関心ごとです。先ほど例に挙げた「人生ゲーム」「アンガーマネジメントゲーム」のように。

　自分の関心ごとをテーマにしてボードゲームを作る理由には、

もちろん「作るのが楽しい」「得意なことをいかして上手く作れる」などもあります。

　しかしそれ以上に、自分の関心ごとをテーマにして最高のゲームを１つ完成させると、すごいことが起こります。それをきっかけに、自分の人生で進むべき道や叶えたい目標が見えてくるのです。

ゲームづくりは最高の「探究」のテーマ

　現在、総合的な学習の時間、総合的な探究の時間など、「探究」とよばれる授業が全国の教育現場で行われています。僕はこの探究の授業で最も大切な目的は、自分という人間を探究することだと思っています。

　例えば自然、社会、科学など、どのようなジャンルのテーマで探究を行うとしても、その真の目的は、自分はこれが好きだ、自分はこれに興味がある、自分は人生を通してこんなことをやっていきたい、などの本音に気づくことです。

第１章　ボードゲームづくりは「人生の探究」だ！　　7

文部科学省の資料では、探究的な学習とは「問題解決的な活動が発展的に繰り返されていく一連の学習活動である」と説明されています。以下の４つのステップを繰り返す「探究のプロセス」とよばれる流れで行う学習方法です。

【①課題の設定】体験活動などを通して、課題を設定し課題意識をもつ
【②情報の収集】必要な情報を取り出したり収集したりする
【③整理・分析】収集した情報を、整理したり分析したりして思考する
【④まとめ・表現】気付きや発見、自分の考えなどをまとめ、判断し、表現する

　小学生の自由研究などはまさに探究学習であり、自分の関心ごとに気づくきっかけです。例えば上の【①課題の設定】で、なんとなく花の観察日記をつけてみたいと考えたとします。その自由研究をやりとげたときに、花や植物にそれまで以上に関心が深まったら、その後の人生で学びたいことや進路選びにつながるかもしれません。逆に途中で飽きてやめてしまったのだとしたら、そのテーマにそれほど興味がなかったのだという気づ

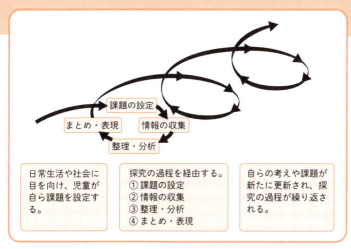

図4 探究のプロセス(高等学校学習指導要領〔平成30年告示〕解説 総合的な探究の時間編 p.12)

きを得られます。探究活動をすると、取り組んだテーマが自分の本当の関心ごとであるかどうかがわかるのです。

　僕はむしろ、自分にとって「これはそんなに好きじゃないな」とわかることが貴重な経験だと思います。そうやって自分の本当の関心ごとをわかっていき、最終的に人生の時間を何にたくさん使うかを見つけるのが探究活動の大きな目的です。

　面白いボードゲームを作ろうとする作業はまさに「自分の探究」です。先ほど説明した探究のプロセスに当てはめてみると、

【①課題の設定】ゲームテーマにしてみたい自分の「関心ごと」を1つ定める

【②情報の収集】その関心ごとについて調べ、それを表現するゲームルールのヒントを探す

【③整理・分析】集めた情報を元にゲームルールを考えてみる

【④まとめ・表現】ルールを整え、遊べる試作品を作り、実際に遊んでみてどこを直せばいいかを探り、より面白いゲームにブラッシュアップする。または、そのゲームテーマは中止して別のテーマを検討するかなどを考える

→①に戻って探究のプロセスを回していく

　ということになります。

　ゲームを作ってみることは探究活動そのもの。探究のプロセスを一番わかりやすく体験できる活動の1つがゲーム開発なのです。

　僕は全国のいろいろな学校の探究の授業でボードゲームづくりを教えていますが、その目的はゲームクリエイターを育てることだけではありません。生徒さんたち1人1人がゲーム開

図5　僕の人生を変えた『かけアイ』(左)と『民芸スタジアム』(右)

発という探究のプロセスを回しながら人生でやりたいことを見つけるお手伝いをしているのです。

　実際に僕も、ボードゲームを作って、人生のやりたいことが増える経験をたくさんしてきました。

　例えば、みんなでいろいろなお題に対するアイデアを遊びながら考える「かけアイ」というゲームを作り、現在も販売しています。このゲームを作ったおかげで僕自身のアイデア発想法についての理解が深まり、アイデアの考え方を学校の授業や企業研修で伝える仕事を本格的に始めました。
　また、「民芸スタジアム」という全国47都道府県の民芸品を戦わせ合うゲームを作ったときには、それをきっかけに民芸品コレクションが趣味になり、今でも民芸品を買い集めたり、

第1章　ボードゲームづくりは「人生の探究」だ！　　11

全国の民芸品の工房への旅行を楽しんだりしています。

　関心ごとをテーマにしたボードゲームづくりは、人生でやってみたいことの疑似体験づくりです。ゲームによる疑似体験で興味が深まったら、現実でもそれをますますやりたくなり、人生が変わるきっかけになります。

　まず、自分の関心ごとは何なのかを考え、それをテーマにしたゲーム開発を進めていくと、9ページの図4で紹介した探究のプロセスが自然と回っていきます。その結果、自分にとって本当に「好き」「得意」「やりたい」「叶えたい」と感じることは何かがわかります。

　自分の人生の「テーマ」、探究してみたくありませんか?

　いかがでしょう。ボードゲームを作ることにだんだんと興味がわいてきたでしょうか? それではあらためて、作りたいゲームを作るという自分探しの旅に出かけましょう。

第2章

ボードゲームを知り、分析しよう

あらためて、ボードゲームって何？

ボードゲームについてくわしく知らない人もいると思うので、まず、ボードゲームにはどのような種類のものがあるかを知ってみましょう。

この本では電源が必要ない道具を使って、主に卓上で遊ぶゲームをまとめて「ボードゲーム」とよぶことにします。それらは「アナログゲーム」とよばれることもありますし、例えば盤がなくカードだけで遊ぶものを分けて「カードゲーム」とよぶこともありますが、ここではボードゲームというよび方で説明をしていきます。

ボードゲームを構成するパーツ

ボードゲームを構成するパーツ（遊びに使うセット内容物）のパターンは様々で、以下に挙げるものがよく使われます。

- ボード(盤)　・カード　・コマ　・紙チップ
- 紙シート　・サイコロ　・ルーレット　・冊子
- フィギュア　・プラスチックでできたパーツ
- 木でできたパーツ　・布や繊維でできたパーツ　・ペン
- ホワイトボードのように書き消しできるカード

　知っているボードゲームをいくつか思い浮かべてみると、どんなパーツで構成されているか、イメージがわくと思います。

　もちろん、どんなパーツを使ってもOKなのがボードゲームの特徴です。輪ゴム、粘土、木片、お面、袋……、挙げるときりがありません。必要なパーツを考えて選んで組み合わせ、ゲームのセットを作ります。

　おもにどんなパーツを使っているかにより、以下のようにジャンル分けしてよばれることもあります。

第2章　ボードゲームを知り、分析しよう　　15

- 盤ゲーム：ボードが入っているもの（これをボードゲームとよぶことも多いです）
- カードゲーム：おもにカード中心で遊ぶもの
- ダイスゲーム：おもにサイコロ中心で遊ぶもの
- アクションゲーム：プラスチックや木のパーツ中心で、バランスゲームやおはじきゲームなど動きのある遊びをするもの

ボードゲームの歴史

　世界最古のボードゲームが何であるかは諸説ありますが、紀元前の時代にアフリカ大陸で発祥したとされ、さまざまな地域で古くから遊ばれている「マンカラ」というゲームや、エジプトで生まれた「セネト」というゲームなどが挙げられます。それらはいずれも、コマや石を移動させるゲームで、そのような遊びがボードゲームの始まりだったようです。それ以前の時期に、サイコロのようなものがあったという説や、ゲームが占いに使われていたという説もあります。

図6 (左)紀元前の時代から遊ばれているというマンカラ
©Collectie Wereldmuseum (v/h Tropenmuseum), part of the National Museum of World Cultures, 2009
(右)古代エジプトの王妃ネフェルタリの墓には、彼女がセネトで遊ぶ姿が描かれている

　ゲームの種類やルールは何千年もかけて世界で発展し、現代では、ボードゲームのジャンルはとても多くなっています。

　特にドイツはボードゲーム大国とよばれることがあります。家族や友人と一緒に過ごす時間を大切にする文化の中で、ボードゲームもよく遊ぶようです。ボードゲームを製造、販売する会社がたくさんあり、ゲーム作家も多く、新しいゲームが次々と生み出されています。「ドイツ年間ゲーム大賞（Spiel des Jahres）」など、ボードゲームに関する権威ある賞もいくつもあります。また、毎年エッセンという町で開催される「エッセ

ンシュピール（SPIEL Essen）」は、世界最大級のボードゲーム展示会であり、世界中のゲームファンやゲームに関連する会社などが集まります。ドイツ発のボードゲームは、ルールがシンプルでありながら深い戦略性を持つものが多いのが特徴です。会話を増やすコミュニケーションツールとしても重宝されています。

ボードゲームの種類

　以下に、ボードゲームを主な遊び方ごとにジャンル分けして、具体的なゲームを例に挙げて説明します。商品名は二重かぎかっこ（『　』）で囲んでいます。

1）2人対戦型戦略ゲーム

　2人のプレイヤーがほぼ対等な条件で交互にプレイし、相手に勝つことを目指すゲームです。

将棋：自分の駒を動かして相手の王将を取ったら勝ちになるゲーム

『オセロ』：相手の石をはさんでひっくり返して自分の色に変え、最後に自分の色の石が多い方が勝ちになるゲーム

図7 ドイツ・エッセンで開催されるエッセンシュピールの様子 ©Matěj Baťha, 2008

2)すごろく型ゲーム

サイコロやルーレットなどを使ってコマを進めながら、勝利条件を満たすことを目指す、ボード(盤)を使ったゲームです。

『人生ゲーム』:就職や結婚など、人生を疑似体験しながらゴールを目指して、最後に資産が最も多い人が勝ちになるゲーム

『モノポリー』:土地や不動産を売買・建設して資産を増やし、ライバルを破産させたら勝ちになるゲーム

3)協力型ゲーム

プレイヤー全員、あるいは敵役1人をのぞくプレイヤーが協力するなどして、共にミッション達成を目指すゲームです。

『パンデミック』:プレイヤー全員で協力して病原体を駆除し、世界を救うゲーム

第2章 ボードゲームを知り、分析しよう

『スコットランドヤード』：怪盗役のプレイヤー1人を、他のプレイヤー全員が協力して捕まえるゲーム

4) トランプゲーム・トランプ系ゲーム

　数字や色、マークによって分けられたカードを使い、さまざまなルールで楽しむゲームです。

大富豪：前の人よりも強いカードを出していき、手持ちのカードを早くなくすことを目指すトランプゲーム

『UNO』：数字や色を合わせてカードを出していき、手持ちのカードを早くなくすことを目指すゲーム

5) かるた型ゲーム

　読み手が示した札（カード）を早く取るゲームです。

百人一首：古典和歌の上の句を読み札として、下の句の札を取り合うゲーム

『上毛かるた』：群馬県の地域の歴史や名所を題材にした札を取り合うゲーム

6) 役づくりゲーム

　カードや牌、サイコロなどで決められた役（セット）を作って、

20

その価値を競うゲームです。

麻雀：牌を交換しながら強い役を完成させる 4 人用ゲーム

花札：札を取っていき、強い役を完成させるゲーム

7）デッキ構築型ゲーム

　カードを集めて選んで、強いデッキ（カードセット）を作って戦うゲームです。

『マジック：ザ・ギャザリング』：カードを買い集め、デッキを組んで対戦する戦略カードゲーム（このようなゲームジャンルはトレーディングカードゲームとよばれ、今では世界中でさまざまな種類が販売されている）

『ドミニオン』：さまざまな効果を持つカードを財宝カードで買い集めながら自分のデッキを作り、終了時に最高得点の人が勝ちになるゲーム

8）うそつき・正体隠匿系ゲーム

　うそをつきながら、相手をあざむいて勝利するゲームです。

人狼ゲーム：プレイヤーの中に隠れた人狼を見つけるゲーム

『ごきぶりポーカー』：相手をだましながら害虫や害獣を押し付け合う心理戦カードゲーム

9）資源管理型ゲーム

　資源を集め、適切なタイミングで使って目標を達成するゲームです。ドイツゲームで有名なものにこのタイプのゲームが多くあります。

『カタン』：資材を集めて道や家などを建設し、得点が条件を満たせば勝ちになるゲーム

『カルカソンヌ』：タイルを配置して道や都市を作っていき、コマを置いて陣地をおさえながら、最も多く得点を取った人が勝ちになるゲーム

10）ストーリー会話型ゲーム

　用意されたシナリオにそって、プレイヤーみんなで会話をしながら物語を楽しむゲームです。

テーブルトーク RPG：プレイヤーがそれぞれのキャラクターになりきって、戦闘や謎解きといった課題に挑戦する対話型ゲーム（TRPG ともよばれ、種類が多数ある）

マーダーミステリーゲーム：プレイヤーが殺人事件の登場人物になりきって、推理を行う対話型ゲーム

11）コミュニケーションゲーム

　意思疎通すること自体がメインの遊びになり、楽しい会話が起きるゲームです。

『はぁって言うゲーム』：1人のプレイヤーが、お題として与えられた「はぁ」などのセリフと表情だけの演技で、とあるシチュエーションを表現し、それがどのシチュエーションなのかを他のプレイヤーが当てるゲーム

『ナンジャモンジャ』：カードに描かれたキャラクターに名前をつけ、それをみんなで覚えて、同じキャラクターのカードが出たときにその名前を早くよぶゲーム

12）1人用ゲーム

　1人で遊べるボードゲームです。

クロンダイク（ソリティア）：カードの色を交互に、数字が1つずつ小さくなるように重ねていくトランプゲーム

『シェフィ』：カードをうまく使い、羊を全滅させないように増やしていくゲーム

13）アクション系ゲーム

　さまざまなパーツを使い、物理的なアクションによって勝敗

第2章　ボードゲームを知り、分析しよう　　23

を決めるゲームです。ボードゲームではなく「アクションゲーム」と分けてよばれることも多く、ボードやカードと共に何らかの動作を行って進めるゲームもあります。

『ジェンガ』：ブロックを崩さないように取るバランスゲーム

カロム：丸いパック（円形の駒）を指ではじいて、相手のパックをポケット（穴）に落としていくゲーム

　他にも紹介しきれないほどさまざまな遊び方のジャンルがありますし、ルールのパターンは無限に存在すると言えます。第3章でもくわしく説明しますが、新しいゲームルールを作るとは、長い歴史の中で誕生したさまざまなゲームのルールの「新しい組み合わせを作る」ことです。ぜひ、いろいろなボードゲームを実際に遊んだり、他の人が遊んでいる動画をインターネットで探して観たりしてみましょう。

遊びには、4つの要素がある

　ここからは、ボードゲームの種類をもう少しよく理解するために、どんな要素が含まれたゲームがあるのかを、遊びの基本を学びながら見ていきましょう。

フランスの社会学者、ロジェ・カイヨワは、遊びの研究者としてよく名前を挙げられる第一人者です。その著書『遊びと人間』の中では、遊びを4つの要素に分け、それぞれの要素が遊びの中でどのように作用するかが説明されています。

　4つの要素とは、「競争」「運」「模擬」「めまい」です。

　遊びは、これら4つの要素を組み合わせて作られるとカイヨワは説明しています。それぞれの要素をくわしく見ていきましょう。

1. 競争
　プレイヤーがお互いに技や能力を競い合う遊びの要素です。プレイヤー同士が勝利を目指して競い合うスポーツは、この要素が大きい遊びです。ルールに従って相手に勝つことを楽しみます。将棋などもまさに、競争のゲームです。

2. 運
　結果がプレイヤーの技や能力ではなく、偶然で決まる遊びの要素です。くじ引きやじゃんけんなどは、この要素が大きい遊

第2章　ボードゲームを知り、分析しよう　　25

びです。サイコロの出目によって進むマスが決まる「すごろく型ゲーム」でも、運が結果に大きく影響します。先を予測できない楽しさがあります。

3. 模擬

　現実と異なる世界の真似ごとをする遊びの要素です。おままごとやキャラクターになりきる「○○ごっこ」、演劇、仮装パーティーなどは、この要素が大きい遊びと言えるでしょう。ストーリー設定があるゲームも、ほとんどが模擬の遊びです。プレイヤーが別の人物やキャラクターになりきって、設定された世界の中で想像力を働かせてふるまう楽しさが得られます。

4. めまい

　体の感覚が乱されることで、日常では得られない快感を得る遊びの要素です。ジェットコースターやぐるぐる回るダンスなどは、この要素が大きい遊びです。バランスを崩さないようにブロックをとるゲーム「ジェンガ」などでも、この感覚を得られることがあります。

　これらの遊びの 4 要素は、複数を組み合わせて 1 つの遊び

26

になることが多いです。例えば、「モノポリー」というゲームは、サイコロによる「運」の要素もありますが、有利になるように土地を買う「競争」の要素が勝敗を大きく左右しますし、経営者になりきる「模擬」の要素も含まれています。

　遊びを作るときは、これらの要素をどのように組み合わせるか考えます。例えば、「競争」と「運」をバランスよく組み合わせると、戦略性の高い対戦ゲームに偶然性が加わって、より緊張感のあるものになります。競争100%で運の要素がないゲームだと弱い人がつまらなくなることがあるし、運100%だと考える余地がなくなってやはりつまらなくなったりします。

　組み合わせはいろいろあります。「模擬」と「めまい」を組み合わせることで、非日常的な体験をさらに深めることができます。「模擬」と「運」を組み合わせれば、現実ではできないような冒険を、偶然性というリアリティを持った体験にすることができます。「競争」に「めまい」の要素を取り入れた競技性のある遊びを作ると、体を動かすチャレンジをより楽しくすることができます。

第2章　ボードゲームを知り、分析しよう　　27

このカイヨワの遊びの4要素は、遊びとは何かを知り、新しい遊びを作るための基本的な枠組みです。まずは知っているボードゲームがどんな遊びの要素の組み合わせになっているかを考えてみましょう。自分でボードゲームを作るときも、これらの遊びの要素をうまく活用することで、いろいろな遊びを生み出すことができます。

プレイヤーの4種類の心理をくすぐるさまざまなゲーム

　次に、ゲームを遊ぶ人、つまりプレイヤーの視点から、いろいろなゲームを見ていきます。

　イギリスのゲーム研究者であるリチャード・バートルという人は、プレイヤーがゲームに夢中になる心理を大きく4タイプに分けました。この分類法は「バートルテスト」とよばれています。バートルテストでは、「単独行動と集団行動のどちらを好むか」、そして「関心の対象がゲーム自体か他プレイヤーか」という2つの基準を使って、ゲームのプレイヤーを4つに分類しています(バートルテストは、主にオンラインゲーム

のプレイヤーを分類するために作られたものですが、現在では人の遊び方や行動のタイプを考える手法として広く応用されています)。

　4タイプの特徴は以下のようなものです。

1. アチーバー(達成したい人)

　ミッションをクリアしたり、スコアを高めたりすることに特に興味を持つタイプです。定められた目標を達成するために努力し、よい結果を得られると満足します。

　例えばトランプゲームの「ソリティア」など、1人でもくもくとミッションをこなすゲームに夢中になる傾向があります。

2. キラー(勝ちたい人)

　他のプレイヤーとの競争や対戦を特に楽しむタイプです。相手に勝つことや、ランキング上位になることを嬉しく感じます。

　例えば「人狼ゲーム」や「カタン」など、相手に勝つことが目的の自分が得意とするゲームに夢中になりやすいです。

第2章　ボードゲームを知り、分析しよう　　29

3. エクスプローラー（探究したい人）

　自由な戦略を試したり、隠された新しい要素を発見したりすることが好きです。好奇心が強く、未知の世界を探ることを楽しむタイプです。

　例えばテーブルトーク RPG で未知のマップを探索したり、スコットランドヤードで作戦を考えたりするのに向いているかもしれません。

4. ソーシャライザー（交流したい人）

　他のプレイヤーとの交流を楽しむことが特に好きなタイプです。勝利や達成はそれほど重要ではなく、ゲームをコミュニケーションの手段と捉え、みんなでワイワイ楽しむことを重視します。

　例えば「はぁって言うゲーム」など、勝ち負けよりも面白おかしいやりとりが生まれるコミュニケーションゲームを好む傾向があります。

　「アチーバー」「キラー」「エクスプローラー」「ソーシャライザー」は、それぞれが異なる楽しみ方を持っています。もちろん、複数の要素を持っているプレイヤーもいます。ゲームを遊

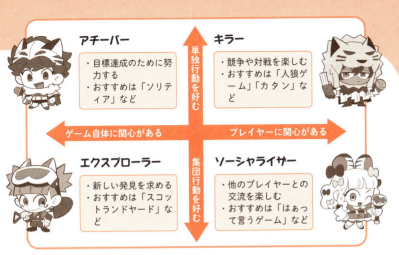

図8　バートルテスト

ぶ人にはこのような特性があることを理解しておけば、いろいろなボードゲームの特徴もより深く見えてきますし、自分でゲームを作るときにも役立ちます。

もちろん、どんな人にでも楽しんでもらえるゲームが作れたら最高ですが、あらゆる年齢、性格の人を喜ばせるゲームを作ろうと考えると、結局誰からもあまり喜ばれないゲームになってしまったりします。まずは自分自身がどんなゲームが好きかを考えると、作りたいゲームの方針が見えてきます。

いかがでしたか？　第2章ではここまで、ゲームの種類や、ルールの種類、プレイヤーが楽しいと思う要素の種類などを説

明してきました。これらの要素を頭に入れながら、自分が作りたいゲームはどんなものかを考えていくと、実際にゲームを考える手助けになります。

　さて、いよいよ次の第3章から、あなたのゲームづくりが始まります。

 好きなゲームと、
仕事や勉強の進め方の関係

前述した「バートルテスト」のどれに自分が当てはまるかを考えると、自分が学習や練習、仕事などをどのように進めるのが向いているかわかります。
例えば、受験のための学習をワクワク楽しみながら進められる方法を考えるとき、自分のタイプがわかっていると、以下のように工夫できます。

アチーバー（達成したい人）は、目標達成に向かって計画を立て、その通りに物事を進めることが得意です。結果が出るまで諦めずにその過程を楽しむことができます。このタイプの人は、具体的

な目標を設定し、それを達成するために学習を進めるとよいでしょう。

目標にどのくらい近づいているかを可視化することがモチベーションにつながるので、例えば目標を1日ごとに細かく分けて設定し、達成したら毎日カレンダーに○をつけていくなどをするとよいかもしれません。

キラー(勝ちたい人)は、ライバルに勝つことや、ランキング(順位)を上げることを目指すと楽しく学習を進められるでしょう。

ちなみに、他人に勝ちたいと思うなんて、なんだか怖そうに聞こえるかもしれません。でも、社会ではいろいろな企業がしのぎを削りながらお互いに新しいものを生み出す原動力にしていますし、スポーツの世界でもライバル同士が本気の勝負をすることが多くの人に感動を与えます。競争は大きな原動力になります。

エクスプローラー(探究したい人)は、学ぶのが好きなのはもちろん、新しい学習法の発見にも興味を持ちます。自分に合った効率のよい学習法の探究も得意でしょう。

他の人が思いつかないような独自の考え方を持っていることも強みですし、自分の頭で考えながら複雑な問題に取り組んで解決策を見つけるのも得意です。自分の発見を発表したり人に教えたりすると、さらに楽しめるかもしれません。

第2章　ボードゲームを知り、分析しよう　　33

ソーシャライザー(交流したい人)は、友人などと交流したり協力したりすることが好きです。一緒に励まし合ったり、情報交換をしたり、新しい仲間に出会ったりすることで、学習のモチベーションが高まります。

好きなことを学んでいれば、将来、自分にとって大切な人たちにたくさん出会えます。それをわかっていれば、学習がどんどん楽しくなるかもしれません。

さて、あなたは自分がどのタイプに近いと思いますか?

第3章

ボードゲームのルールは「起承転結」で考える

ゲームづくりは、ルールづくりと、ものづくり

　では、いよいよ自分でゲームを作っていきましょう。

　ゲームづくりは、「ルールづくり」と「ものづくり」に分かれます。

　ルールづくりは、「どんなカードがあるか」「どんなボードにどんなマスがあるか」「どんなルールで遊び、勝敗や結果はどう決まるか」などの情報を決めることです。

　ものづくりは、「どんなデザインにするか」「どんな材料で作るか」「どんなパーツが何個で構成されたセットにするか」などを決めて、実際に作り上げることです。

　基本的には、まずルールを作り、その後でどうやってものを作るかを考えます（場合によっては、先にこんな材料でこんなデザインのものを作りたい、と決めてからルールを考えることもあります）。

　ものづくりについては第4章で説明します。ここでは、ルールづくりの方法をくわしく説明していきます。

ゲームのルールを作る流れは 4 ステップ

　ゲームのルール、つまり遊びの内容を作る流れは、以下の「起承転結」の 4 ステップです。

> 起：テーマを決める
>
> 承：おおまかな遊び方を作る
>
> 転：プレイヤーの心が動き、会話が起きる仕掛けを入れる
>
> 結：テストプレイをしてバランスを整え、完成させる

順に、ていねいに説明していきます。

起：テーマを決める

　ゲームづくりはテーマを決めるところから始まります。つまり、人生ゲームみたいに「○○ゲーム」を作ろう、と考えるところからスタートします。例えば、

・どんな職業に向いているかがわかる適職診断ゲーム

- 仮想通貨の取引を学べるゲーム
- 心のストレスがラクになるゲーム
- 米づくりゲーム

など。これらの例は全て、僕が開発に関わったことがあるゲームのテーマです。

　さて、作るゲームのテーマはどうやって決めればいいのでしょうか？

　もちろんどんなゲームでも自由に作って良いのですが、この本では自分の「関心ごと」をテーマにしたボードゲームを作る方法を説明していきます。

　第1章からお伝えしてきたように、ボードゲームづくりは自分の「好きなこと」「得意なこと」「やりたいこと」「叶えたいこと」などを深める探究活動です。

　自分の関心ごとがわかっていて、作りたいゲームがパッと思い浮かぶ人もいると思いますが、自分のことがまだよくわからず、「好きなこと」「得意なこと」「やりたいこと」「叶えたいこ

と」なんてどれも思いつかない！ という人も多いと思います。

　では、自分の「関心ごと」の見つけ方をお教えします。

● 関心ごとは2つの種類に分けられる

　まずは、自分の関心ごとを楽しみながら考えてみましょう。関心ごとは、以下の2つに大きく分けられます。

①好きなこと、得意なこと、やりたいこと
②苦手だけど、得意になりたいと願っていること

　順番に説明します。
　まず、①好きなこと、得意なこと、やりたいこと。

　自分が好きなことや得意なこと、やりたいことは、1つくらいは思いつく人も多いでしょう。趣味、好きな遊び、好きなものごと、得意な勉強や部活、など。
　この「①」をテーマにしてボードゲームを作るとしたら？ と想像してみましょう。

第3章　ボードゲームのルールは「起承転結」で考える　39

- 猫が好きなら → たくさんの猫とたわむれるボードゲーム
- お笑いが好きなら → お笑いコンビを結成して天下を取るボードゲーム
- 戦略を考えるのが得意なら → 頭脳バトルで競い合う次世代将棋のようなボードゲーム

など。まずは、好き、や、得意、を思い浮かべていくと、わりと簡単にテーマの案が見つかっていきます。

　ボードゲームの中では、現実では難しいことも、何でもできます。上の例でいうと「お笑いコンビを結成して天下を取るゲーム」のように、すぐには叶えられそうにないことを疑似体験できるわけです。ゲームだからこそ、やりたいことを思いっきり楽しめます。

　次に、②苦手だけど、得意になりたいと願っていること。

　やりたいことのヒントは、自分の「苦手」の中にもあります。
　好きや得意を見つけるのが難しいという人は、反対に、自分の苦手や悩みなら思い浮かんだりしませんか。それらを克服することをテーマにしたゲームを作れば、その過程で苦手が少し

40

ずつ得意に変わったり、悩みが消えたりするかもしれません。苦手や悩みの克服は、「叶えたいこと」。つまり自分の大きな関心ごとなのです。

　1章で紹介した、僕がルールを作った「アンガーマネジメントゲーム」(4ページ参照)も、まさに自分の悩みを解決しラクになることを目的に作ったゲームですよね。

　では、この「②」をテーマにしてボードゲームを作るとしたら？　と想像してみましょう。

• 英語を話せるようになりたいなら → 英会話 上達ボードゲーム
• 社交的になって友達をたくさん作りたいなら → 気の合う友達発見トークボードゲーム
• 集中力がほしいなら → 集中力競い合いボードゲーム

など。このようなゲームを上手く作って、遊びながら自分の苦手や悩みが消えたら最高ですよね。これが、疑似体験であるボードゲームならではの力です。失敗しても現実で損害があるわ

第3章　ボードゲームのルールは「起承転結」で考える　41

けではないので、何にでも挑戦できるし、自分のゲーム内での行動を少し離れたところから観察するような気持ちで見て、いろいろなことに気づき、成長することもできます。

　ボードゲームは大人も楽しめる「ごっこ遊び」です。その中では、現実にはありえない空想の出来事も起こせます。ゲームを作ることをきっかけに、普通に考えたらできっこない、大きな「夢」を思い描いてみましょう。作って遊んでいるうちに、その夢を現実に近づけるヒントや行動のきっかけが得られるかもしれません。

● 強み・弱みマップを書いてみよう
　関心ごとの見つけ方の基本がわかったところで、ここからさらにくわしく自分を知り、ゲームテーマ探しのヒントを探っていきます。

　あらためて、自分の強みと弱みが何かを、それぞれ挙げてみましょう。

強み：得意なこと、好きなこと
　弱み：苦手なこと、嫌いなこと

です。ノートに線を引いて、得意、好きと感じるものは線の右
に。苦手、嫌いと感じるものは線の左に。それぞれ分けて書い
てみてください。
　パッと出てこない人は、まず練習として、下図のように以下
のことを自分の強みと弱みに分けて書いてみましょう。

・筋トレ
・英会話
・数学
・プログラミング
・笑い・しゃべり

（例）

弱み （苦手・嫌い）	強み （得意・好き）
筋トレ 英会話	数学 プログラミング 笑い・しゃべり

　苦手だけど好き、とか、得意だけど嫌い、などの場合も出て
きます。これについてはこの後整理していきますので、まずは
直感で分けてみてください。

第3章　ボードゲームのルールは「起承転結」で考える　43

● 強みと弱みを、さらに2つに分ける

　次に、強みと弱みを、それぞれ以下のように分けてみます。

・これから向上させていきたいもの
・もうこのまま向上させなくてもいいと思うもの

　図9のように、これから向上させていきたいものを上に、向上させなくていいものを下に書きましょう。

　自分が好き、得意だと思っていることも、2種類に分かれます。例えば数学が得意だとしましょう。その数学を「これから将来へ向けて、もっと学んでいきたい」と思っているのと、「得意だけど、さらに深めて学んでいきたいわけではなく、もうこのくらいでいいや」と思っているのとでは、意味が全く違います。

　この4分割の図を「強み・弱みマップ」と言います。僕が、歩みたい仕事のキャリアや、やりたい仕事の企画などをいろいろな人に考えてもらうために作ったオリジナルのものです。

　よいゲームのテーマになるのは、上半分（①と②の部分）。つ

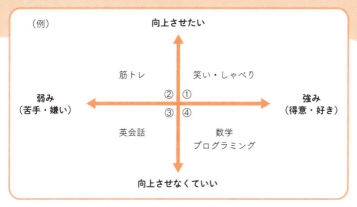

図9 さらに、「向上させたいもの」「向上させなくていいもの」に分けてみる

まり、「向上させたい強み」か、「向上させたい弱み」のどちらかです。

この図を描いた人の場合は、

- 向上させたい強みをテーマにする → しゃべりが上手くなるゲーム
- 向上させたい弱みをテーマにする → 遊んだら筋トレができるゲーム

などを作るのがおすすめです。

心の中で「もうこれ以上は伸ばさなくていいかも」と思っているものごとは、本当にやりたいことではありません。この図

の上半分、つまり「向上させたいこと」が、本音でやりたいことなのです。

　強みでも、弱みでも、自分がこれからもっともっと向上させたいと思うことをテーマにすると、世界中でも自分にしか作れない良いゲームを生みだすことができるかもしれません。

● さらに、細かい「潜在欲求（せんざいよっきゅう）」も探してみる

　「強み・弱みマップ」の考え方がわかると、「やりたいこと」がより深く見えてきます。

　しかし、それでもまだ、自分のやりたいことなんて全然わからない人もいると思います。

　そんな人にも、潜在欲求というものがあります。潜在欲求とは、ふだん意識（いしき）することのない、「こうなったらいいな」「こんなことがしたいな」などの本音です。どんな人でも、いろいろな潜在欲求を持っているものです。

　例えば、第2章で紹介した「はぁって言うゲーム」は、「う

まく伝わってウケる演技をしてみたい」という、日常では多くの人が気づかない潜在欲求をとらえて大勢に受け入れられました。また、「ナンジャモンジャ」というゲームは、カードに描かれたキャラクターにニックネームを自由につけてよぶことを楽しみます。これも潜在欲求です。物心がついた頃から、人は友達にニックネームをつけてよび始め、いくつになってもそれが妙に楽しかったりしますよね。人は愛称でよび合うことが好きなのです。

　このように、人生の中で何気なくやってしまっている行動や、憧れていることには、まだ気づいていない欲求が隠れています。それらは、やりたいことの種です。その種をきっかけに想像が膨らんだとき、人生は思わぬ新しい方向に進んでいくかもしれません。そしてそれをテーマにしたゲームが完成することで、誰にも負けない特技が身についたり、一生の仕事が見つかったりする可能性もあります。

　そんな潜在欲求の見つけ方をお教えします。

　まず、欲求とは何か。
　欲求という言葉の意味を辞書で調べると、「欲しがり求める

第3章　ボードゲームのルールは「起承転結」で考える　　47

こと」などと書かれています。欲求は2種類に分かれます。「不の解消」と「快の増幅」です。

　不の解消は、先ほどの「強み・弱みマップ」の左上にあてはまる欲求です。「悩みを解決したい」「苦手を克服したい」など、マイナスを0やプラスに向上させていく欲求です。

　この潜在欲求の具体例を挙げてみると、

・メガネが汚れなくなったらいいな
・金属をこする音で鳥肌が立たないようになったらいいな
・スマートフォンの充電がすぐ切れないようになったらいいな

などなど、気づけばいくらでも出てきます。

　これをテーマにしようと考えてみると、「スマートフォンの充電をできるだけ減らさないゲーム（その方法を学べるゲーム）」などのアイデアが出てくるかもしれません。

　次に、快の増幅は、先ほどの「強み・弱みマップ」の右上に

あてはまる欲求です。「楽しみたい」「幸福感を増したい」など、0やプラスを、さらに大きなプラスに向上させていく欲求です。

　この潜在欲求の具体例を挙げてみると、

• 推しのキャラクターグッズを集めたい
• ライブで迫力ある音楽を聴きたい
• インスタグラムに投稿した写真にたくさん「いいね」がついてほしい

などなど。やはりいくらでもあります。

　これをテーマにしようと考えてみると、「インスタグラムに投稿する写真を撮って、いいねの数を競うカードゲーム」などが作れるかもしれません。

　このように、「やりたいこと」というほど大それた目標でなくても、小さな欲求は無数に存在します。それらをテーマにしても、面白いゲームは作れます。

第3章　ボードゲームのルールは「起承転結」で考える　49

欲求とは何かをあらためて理解したところで、自分の意識の中に隠れている「潜在欲求」を探す方法を、4つに分けてお教えします。

方法①：いろいろな場所やタイミングで感じる欲求を想像する

例えばあなたは、自宅の部屋にいるとき、どんな欲求を感じますか？

ベッドを見て「寝たい」と思うこともあるでしょう。部屋が散らかっていたら「片づけたい」と思うかもしれません。

そのような、ふと頭に思い浮かぶ欲求に気づいて、それらをゲームのテーマにしたらどんなものになるか、考えてみましょう。

・寝たい　→　遊んだら猛烈に眠くなり、安眠できるゲーム
・片づけたい　→　遊びながら部屋を片づけられるゲーム

など。

生活していて訪れる場所を1つずつ挙げていきましょう。

自宅のキッチンやお風呂、学校、町、お店、乗り物の中、旅行先……。それらのさまざまな場面で、ふと思った願望や、ちょっと不便で何とかしたいなと思ったこと、など。

タイミング(時間)を思い出しながら想像してみても良いです。1日の中で区切ると、朝、昼、夜。1年なら、春、夏、秋、冬。それぞれどんな欲求を感じるでしょう?

自分の内なる小さな欲求はすべて、ゲームのテーマのヒントです。

方法②：いろいろなものを見て感じる欲求を想像する

この世のすべてのものは、人間に、何かしらの欲求を想像させます。

イスを見たら「腰掛けたい」と思うことがあります。もしかしたらたくさんのイスを見たときに「積み重ねたい」と思うことがあるかもしれません。

太鼓を見たら「叩きたい」と思ったり、汚れたガラスを見たら「拭きたい」と思うかもしれません。

ものを見て心に浮かぶ潜在欲求は、ゲームのテーマになる可能性があります。

　例えば、イス形のコマを集めて積み重ねて片づけるゲームを作ると面白いかもしれないし、それによって整理整頓が好きになるかもしれません。

　太鼓形のボードをリズムよく叩くゲームを作ったら、楽しみながらリズム感が良くなり、ドラム奏者になりたくなるかもしれません。

　汚れたガラスの写真のカードをピカピカのカードに替えていくゲームを作って遊んでいるうちに、身の回りのいろいろなものをきれいに磨くことが好きになるかもしれません。

　さまざまなものをモチーフにしたゲームのアイデアを考えながら、自分の内なる欲求を見つけてみましょう。

方法③：いろいろな動詞から欲求を想像する

　生物や物体が動くこの世界には、さまざまな動詞が存在します。「走る」「泳ぐ」「投げる」「減る」「つなげる」「塗る」……。

　動詞が表す動作はすべて、欲求そのものです。あらゆる動作には、それを行いたい（避けたい）瞬間があります。

例えば、「すべる」という動詞から自分が感じる欲求を想像していき、ゲームのテーマのアイデアを挙げていくと、

- アイスホッケーをやってみたい → アイスホッケーを疑似体験するゲーム
- すべらないギャグを言えるようになりたい → 言葉や動作のカードを組み合わせて一発ギャグを完成させ披露するゲーム
- 受験で失敗したくない（すべりたくない） → 歴史年表を覚えられるゲーム

など。
　2025年現在、中学校で習う英単語には動詞が360種類くらいあるそうです。試しに英単語帳で動詞を見ながら、欲求を発見してゲームのテーマにしてみましょう。

方法④：いろいろな人を思い浮かべ、欲求を想像する
　あなたが知っている人を1人1人、思い浮かべてみてください。家族、友達、先生、有名人……。

　相手ごとに、「こうしたい」「こうなりたい」などの欲求が思

い浮かぶはずです。

　ある人には「話したい」「好かれたい」などと思うかもしれないし、別の人を「避けたい」と思うこともあるでしょう。「謝りたい」「一緒にスポーツをしたい」「言ったことを訂正したい」「その人のことを語りたい」などなど、人間同士のコミュニケーションは、すべて欲求が現れたり隠れたりの連続です。

　憧れの人を目指す気持ちがやりたいことにつながったり、苦手な人との関わりがヒントになってやりたいことが生まれたり。人間関係は常に人生の行動のきっかけになります。いろいろな人からヒントをもらって、ゲームのテーマを考えましょう。

　以上、ここまで、ゲームのテーマの見つけ方を説明してきました。ボードゲームづくりは、あなたの小さな「関心ごと」を疑似体験させ、もしかすると、やりたいことを現実に叶えてしまうかもしれない、すごい活動なのです。

意外なアイデアを生み出す！「アイデアしりとり」

僕は、TEDという世界でも有名なプレゼンテーションイベントの東京開催版である「TEDxTokyo」に出たことがあります。そのとき、世界へ向けて、「しりとりは最強のアイデア発想法である」という話をしました。その動画は公式サイトのTED.comにて、2025年時点で200万回以上視聴されています。

「りんご→ゴリラ→ラッパ……」というように適当に1人しりとりをしていくと、意図しないランダムな言葉がたくさん目の前に現れてきます。それらの言葉にも必ず欲求が含まれています。例えばりんごなら、「食べたい」「皮を長くむきたい」「にぎりつぶしてみたい」などなど。ここまでこの本を読んできたあなたなら、これらの欲求ワードを見ただけで、ゲームのテーマが次々と思い浮かんでくるのではないでしょうか。

僕は、自分が考案したこの「アイデアしりとり」を、意外性のある新しいアイデアを手に入れられる万能な発想法として世の中に広める活動をしています。ゲームのテーマだけでなく、さまざまな人生の課題に対して「りんごから連想される解決法はないかな」「ゴリラから連想される解決法はないかな」と考えていくと、

思いがけないヒントが見つかります。

しりとりが万能な発想法だなんて、冗談に聞こえるかもしれませんが、日常でアイデアが必要になったとき、試してみてください。動画へのリンクは、岩波書店の書誌ページに掲載しています。

 岩波書店の書誌ページ
https://iwnm.jp/027262

承：おおまかな遊び方を作る

　さて、作りたいボードゲームのテーマは見つかったでしょうか。試しに1つ決めたら、遊び方を考え始めます。ルールづくりの1歩目ですね。

　新しいゲームルールの作り方をひとことで言うと「今世の中にあるいろいろなルールの新しい組み合わせを探すこと」です。

　ゲームルールづくりでやることは、大きく分けて3つです。
1）何を使ってどんな行動をするか、おおよそのイメージを決める
2）どうなったら勝ち（クリア）なのか、勝利条件を決め、ゲームづくりに必要な情報を集める
3）いろいろなゲームのルールを組み合わせ、勝利条件に近づいていく流れを作ってみる

　順に説明していきます。

第3章　ボードゲームのルールは「起承転結」で考える　57

1）何を使ってどんな行動をするか、おおよそのイメージを決める

　例えば、サッカーをテーマにしたボードゲームを作りたいと、大まかに考えたとします。

　そうしたら、何を疑似体験できるゲームなのか、イメージを少しずつ具体的にしていきます。

- サッカーフィールドを表すボードの上で、プレイヤーとボールを動かしてサッカーの試合を疑似体験できるゲーム？
- PK戦を疑似体験できるゲーム？
- 最高のサッカーチームを作るために、選手をスカウトしたり育てたりするゲーム？

などなど。まずは「ざっくり」考えて、仮決めで大丈夫です。そして、思い浮かんだゲームのイメージの中から、自分が擬似体験したり学んだりしたい関心ごとに近いものを選びます。

　それと並行して、どんなパーツを用いて何をしたいかを考えていくと、ゲームのイメージが少しずつ膨らんでいくでしょう。

　全く思いつかなければ、まずは「カードだけを使うゲームにしてみる」など、仮に決めて先に進んでも大丈夫です。これは、

58

あとで考え直して変わっていっても構いません。

2)どうなったら勝ち（クリア）なのか、勝利条件を決め、ゲームづくりに必要な情報を集める

　人生ゲームは、コース上でコマを進めるすごろくタイプのゲームですが、最初にコマがゴールに到着した人が勝ちというルールではありません。ゲーム終了時に最も多くお金を持っている人が勝ちです。

　ゲームルールを具体的にしていく一歩目として、どうなったら勝ち（クリア）になるのか、勝利条件を決めましょう。

- コマがゴールに早く着いたら勝ち？
- 得点が一番多かったら勝ち？
- 手元のカードを全部なくしたら勝ち？
- 全員で協力して、迷路から脱出したらクリア？

　もしあなたが作りたいサッカーゲームが、試合やPK戦を疑似体験するゲームなら、おそらく勝利条件は相手より多く得点をとることでしょう。しかし、より細かく考えると「先に3

第3章　ボードゲームのルールは「起承転結」で考える　　59

点取ったら勝ち」「3ゲームやって、2勝した方が勝ち」など、一味違う勝利条件も考えられるし、もしかしたら「相手の選手のイエローカードやレッドカードを誘って、全員退場させたら勝ち」などの変わった勝利条件も考えられます。

　作りたいのが最高のサッカーチームを作るゲームなら、「最強のチームを作って優勝すれば勝ち」「イケメン選手を集めて、人気 No.1 になったら勝ち」「チームをうまく経営して最も多くお金を稼いだら勝ち」など。

　勝利条件は、ゲームのゴールです。これが決まると、そのゲームが何から始まり何を目指すのかが明確になり、ルールを組み立てていきやすくなります。勝利条件により、ゲームの面白さの種類も、何を擬似体験できるのかも変わってきます。
　これを決めるのと並行して、自分がそのゲームを作るうえで知らないことを調べましょう。例えば「最強のチームを作って優勝すれば勝ちになるゲーム」を作りたいなら、

・プロサッカーのチームは誰がどうやって経営しているのか
・選手はどんな流れでチームに入るのか

- 強いサッカーチームの条件とは？
- サッカーの監督の仕事とは？
- サッカーチームで、監督や選手以外に重要な役割の人とは？

など、サッカーチームについての情報を集めます。ゲームで擬似体験させたい世界をよく知らないまま作るよりも、ちゃんと知っている方が深みのあるルールを作れます。ゲーム内容が事実に完璧に沿っている必要はありませんが、その世界をよく知っている人が遊んでも満足するゲームは、多くの人に喜ばれます。

　僕は、38 ページで紹介した「仮想通貨の取引を学べるゲーム」を作り始めたとき、仮想通貨について詳しい知識を持っていませんでした。そこで、仮想通貨に詳しい専門家に教わり、基本的な知識を学んだ上で、勝利条件やゲームのルールを考えていきました。結局、ゲームにするテーマの世界を知らなければ、どんなルールにするか見当もつかなかったり、間違った方向にルールを考えてしまったりします。情報収集は、ゲームを作るうえで大切な作業です。

第 3 章　ボードゲームのルールは「起承転結」で考える　　61

3)いろいろなゲームのルールを組み合わせ、勝利条件に近づいていく流れを作ってみる

　ゲームのイメージと勝利条件を決めたら、まずは知っているボードゲームを思い出しながら、ルールを作り始めてみるといいでしょう。できるだけいろいろなボードゲームを遊んでみたり、遊んでいる動画を観てみたりして、たくさんのルールを知ることで、ゲームをうまく作れるようになります。

　例えば、「最強のサッカーチームを作って優勝すれば勝ちになるゲーム」を作ろうと考えて、

・モノポリー
・UNO
・将棋

が思い浮かんだら、それぞれのルールの要素を取り入れてアレンジし、新しいルールを作れないか想像してみます。

・「モノポリー」の要素 → 周回するすごろくのようなボード上でコマを進めながら、選手やお金を集める

- 「UNO」の要素 → 自分にいいことが起きたり相手を邪魔したりするカードを出していく
- 「将棋」の要素 → それぞれ違う動きができる選手のコマを集めて、それらを動かしながら試合を行う

　このように考えていき、例えば、ボード上でコマを動かしながら選手コマ、アイテム、お金などを集めて、それを使いながらチームを強くして、相手チームに勝利すれば勝ち、などとルールづくりを進めていきます。

　まずは、勢いでどんどんルールを作ってみましょう。後に説明しますが、ゲームづくりの9割は、テストプレイによる調整です。この段階では、とにかくやってみる、で大丈夫です。

　ボードゲームのルールを作り始める方法で、説明することはこれだけです。

　最古のゲームは紀元前数千年に誕生したと言われています。無数のゲームが発明された歴史があり、ゲームのルールはすでに成熟しています。

第3章　ボードゲームのルールは「起承転結」で考える　63

現在この世にない、全く新しいルールというものも考えられるのかもしれませんが、だれも見つけたことのないルールの発見はとても難しいことです。

　アイデアでも同じことが言われています。アイデア発想法のバイブル本とよばれる『アイデアのつくり方』(ジェームス・W・ヤング著)では、「アイデアとは既存の要素の新しい組み合わせ以外の何ものでもない」と表現されています。既存とは、すでに世の中にある、ということです。つまり、この世にない考え方が天から降りてくることなどない、アイデアとは、組み合わせ方が新しいものなのだ、と。

　ゲームのルールづくりもアイデアづくりの一種。つまり「既存のルールの新しい組み合わせ」です。作って遊んでみて、また作ってみて……という試行錯誤によってできていくだけです。とにかく１つでも多くのゲームを遊んでみて、自分の作りたいゲームのテーマを表現するヒントを集めてみてください。コマの進め方はあのゲームの方法を参考に、得点の取り方はあのゲームの方法を参考に……、というふうに、新しい組み合わせの発明をしましょう。

● 他のゲームにそっくりなルールを作ってもいいの？

　すでにある他のゲームとほぼ全く同じルールのゲームを作っても、それは「作った」とは言えません。

　実は、ゲームルールは特許法上の「発明」にはあてはまらず、新しいルールに特許は認められません。他のゲームとルールが同じ別のゲームを作って自分たちで遊んでも問題はないでしょう。しかし、誰かが作ったゲームや市販されているゲームと、テーマもルールも似ているものを作って発表したりすると、もとのゲームを作った人やそのゲームが好きな人に嫌な思いをさせますし、「真似をされた」と怒られる場合もあります。もとのゲームが好きな人たちにも非難される可能性があります。それに、ルールが似ていることを怒られないとしても、見た目やゲーム名などが似ている場合「意匠権」「商標権」などの権利を侵害したとして罰せられることがあります。

　繰り返しになりますが、ゲームルールづくりとは、既存のルールの新しい組み合わせを発明することです。ゲームルールのアイデアの一部をヒントにさせてもらうときは、もとのゲームを作った人への敬意を忘れないようにしましょう。似すぎてい

第3章　ボードゲームのルールは「起承転結」で考える　　65

るものを作ってしまわないように、自分なりのテーマ、オリジナリティあふれる組み合わせ、表現の仕方を工夫して、魅力的なゲームを作りましょう。

 100円ショップアイテムを使って
どんどん試作しよう

ゲームルールは、とにかくボードやカードなどを簡単に作って、試しに遊んでみて、どんどん実験して改良しながら作るのが一番です。100円ショップには、画用紙や無地のカードなどがまとめて売られていますし、コマに使えそうなおはじきなどのパーツや、サイコロも売られています。コマの形にこだわりたければ、粘土やレジンなどの工作材料を使うのも良いでしょう。

思いついたアイデアを紙に手書きして、ハサミで切って、まずは自分が1人2役などでゲームを進めてみたり、家族や友達にお願いして遊んでもらったりして、気づいたことをメモしていきましょう。

僕が実際にお店で発売するゲーム商品を開発するときも、そのような方法で作り始めます。Excelのセルに線を引いてカードの枠を作り、文字を書いて、100円ショップで買った画用紙にプリ

図10 仮想通貨の取引を学べるゲームを作ったときの試作の様子

ントアウトし、ハサミで切って試作品を作る。それを使っていろいろな人と遊び、改善する。これを繰り返します。

ルールをこねくり回してゲームを作ることは、ブロック玩具やパズル、プログラミングなどと同じように、それ自体が楽しい遊びなのです。

転：プレイヤーの心が動き、会話が起きる 仕掛けを入れる

　ルールの方向性の土台ができたら、そのゲームを遊んだとき にプレイヤーたちがどんな感情になり、どんな会話が起きたら いいかを想像し、そうなるようにゲームに仕掛けを加えます。

　ボードゲームは会話を楽しむ遊びです。コマを動かしたりカ ードを使ったりする「ごっこ遊び」の中で、プレイヤーたちは 頭の中で想像を働かせてゲームのテーマの疑似体験をするわけ です。遊んでいる人がずっと会話やコミュニケーションを楽し めず、黙ってしまうゲームほど寂しいものはありません。ボー ドゲームを作ったつもりが、できたものがゲームではなく単な る「作業」になっていた、という現象はよく起こります。

　ルールを、作業ではなく「遊び」にしていくには、以下の2 つのことを考えます。

1）どんな感情が生まれるようにしたいか考え、感情が動く仕 掛けを作る

2）どんな会話が生まれるようにしたいか考え、会話が起きる
仕掛けを作る

　順に説明していきます。

1）どんな感情が生まれるようにしたいか考え、感情が動く仕掛けを作る

　これまで遊んだことがあるゲームを、何でもいいので1つ
思い浮かべてください。そのゲームを遊んでいる最中に、どん
な感情になったか覚えていますか？

　ゲームをやっていると、例えば以下のような感情になること
がよくあります。

- 可笑しい：誰かのプレイ状況に面白いことが起きて、笑っ
  てしまう
- くやしい：思い通りに展開が運ばず、負けてしまったりして、
  もう一度チャレンジしたくなる
- してやったり：狙い通りの展開になり、自分をすごいと思う
- 迷う：どうするのが良いかわからなくなり、必死に考える

第3章　ボードゲームのルールは「起承転結」で考える　69

- 緊張する：うまく行くかどうか、何が起きるかわからず、ドキドキする

　これらはほんの一部ですが、ゲームをやっていてそういう感情が生まれた瞬間に「面白い！」と思った経験はありませんか？　逆に、ゲームをやっても何の感情もわかなかった経験もあるかもしれません。おそらく何も感じなかったゲームは、うまくゲームとして成立しておらず、作業になってしまっていたのだと思います。

　自分が作るゲームのテーマなら、プレイヤーの心にどんな感情が生まれてほしいかを考えてみてください。

　会話がメインになるゲームなら「可笑しい」という感情。お化けがテーマのゲームなら「怖い」という感情。戦略を駆使して繰り返し対戦するゲームなら「くやしい」という感情。

　ゲームを繰り返し遊びたくなるのは、感情が動いているからです。

湧き起こしたい感情のイメージが浮かんだら、ゲーム中に発生させたい「会話」も考えてみます。

2）どんな会話が生まれるようにしたいか考え、会話が起きる仕掛けを作る

　例えば可笑しいときには「アハハ、超ウケる！」、くやしいときには「くそ〜……、もう１回やらせて！」など、面白いゲームをやっているときは自然と会話が生まれますよね。

　プレイヤーの感情が動くゲームを設計するためには、どんなセリフがプレイヤーの間で飛び交ってほしいかを考えると、具体的なアイデアが思いつきます。

　例えば、UNO というゲームに「ドロー２」というカードがあります。次の順番のプレイヤーに、カードを２枚取らせて勝利から遠ざける邪魔カードです。このカードを出された人が何と言うか想像すると、「やめてよ〜！」「ふざけるな〜！　アハハ」「くそ〜今に見てろよ……」「いいよ、それでも勝つから！」など、いろいろなセリフが簡単に想像できますよね。

第３章　ボードゲームのルールは「起承転結」で考える　71

ゲームの「転」、つまり感情が動く仕掛けを作るには、セリフを想像し、そのセリフが生じるには、どんなルール、どんな種類(しゅるい)のカード、どんなボードのマスがあればいいかを逆算(ぎゃくさん)して考えます。

　注意点として、遊んでいる人が、つらい、悲しいなどネガティブな気持ちにならないように感情の動きを調整することが大事です。ゲームは、楽しくて幸せな気持ちになるためのもの。「負かされると泣(な)いてしまうほどつらくなるゲーム」「相手が嫌(きら)いになるほど意地悪をし合うゲーム」などは、あまり良いものではないかもしれません。

 アイデアづくりは、「量」の勝負

いいアイデアの見つけ方は、「アイデアの選択肢(せんたくし)を増(ふ)やすこと」です。

例(たと)えばゲームのテーマを考えるにしろ、ルールのアイデアを考え

るにしろ、人は「いいアイデアないかなあ」と、一発で答えを見つけたがる癖があります。これは当然と言えば当然です。テストだって、間違わずに正解を書きたいですよね。

しかし、新しいアイデアを探す「発想」をするときは、いきなり正解を探してはいけません。新しくて良いアイデアが一発で見つかることなどありません。
アイデアの質は、量から生まれます。選択肢が多いほど、その中にいいアイデアの種が存在する確率が高まります。

たとえ話ですが、1人を連れてきて、その人がアイドルとしてデビューできるかどうかオーディションをするよりも、30人を連れてきてオーディションをやって1人を選ぶ方が、いい人が見つかる確率が高いですよね。

一発でいいアイデアを見つけたいという気持ちを捨てて、深く考えずに思いついた案を書き並べていきましょう。自分であまり思いつかなければ、どんどん人に相談して選択肢を増やしましょう。

僕もアイデアを考える仕事をプロとしてやっていますが、一発でいいアイデアを出すなんてほとんどできません。まずダメそうなアイデアからたくさんリストに書いていき、それらを少しずつ改

第3章　ボードゲームのルールは「起承転結」で考える　　73

善するなら？ と考えてアイデアの量を増やしていきます。1つのいいアイデアにたどり着くために、まず30のアイデアを出し、その中から3つにしぼり、最後に一番良いものを選ぶような作業をしています。この方が、一発でいいアイデアにたどり着こうとするより早く、質のいいアイデアを見つけられます。

結：テストプレイをしてバランスを整え、完成させる

ここまでで、偶然うまくルールができていることもあるかもしれませんが、本番はここからです。おそらくこの段階ではまだ、大まかにルールが組み立てられただけの、バランスの悪い状態になっていると思います。

結局、ゲームづくりの仕事の9割はテストプレイを繰り返して改善し続けることです。

家族や友達に声をかけて誘ったりお願いしたりして、作っているゲームを一緒に遊んでもらいながら、ゲームを細かく調整していき、完成させましょう。

まず、前提として重要なことをお話しします。

誰とどれだけテストプレイを行っても、最後にルールを決めるのは作者である自分自身です。いろいろな人から意見をたくさん集めたとして、それらすべてを取り入れてしまうと、ゲームのバランスがおかしくなります。そのゲームがより面白くなり遊びたくなるように、重要だと思う意見を1つずつ順番に取り入れたり外したりしながら、ゲームが良くなったかどうか

第3章　ボードゲームのルールは「起承転結」で考える　75

変化を観察しましょう。

　以下に、テストプレイで特に重要なチェックポイントを7つ挙げます。遊びながら確認してみてください。

1）1回のプレイにかかる時間が長すぎないか

　まず基本的なことから。1回遊ぶのに時間がどのくらいかかるかを確認しましょう。例えば、1回で120分かかるゲームは飽きやすいかもしれないし、みんなで集まって遊ぶ機会を作りにくいですよね。もちろんプレイ時間が長いゲームも世の中にはたくさんありますが、それらのゲームはその分、格別に面白いものです。長い時間をかける価値がある面白さを提供することは簡単ではありません。プレイ時間の長さが原因で遊ばれにくいゲームになると残念です。

　例えば、1〜6までの目のサイコロで進むすごろくが100マスあったら、何回ぐらいサイコロを振る計算になるでしょう。だいたい平均して毎回3の目が出るとしたら、1人あたり33回サイコロを振るゲームになります。それを4人で遊んだら……どのくらい時間がかかるゲームになりそうですか？　このように、プレイの中の手数を考えてみると、おおよその長さを

想定してゲームルールを調整できます。

2)途中で結果が決まってしまい、逆転不可能にならないか

　例えば、ゲームを真ん中あたりまで進めたところで、そのとき1位の人に勝つのがほぼ不可能になってしまったとします。そうなると、残りのプレイヤーは終わりまで楽しくない作業を続けることになってしまいますよね。

　ゲームは、最後の最後まで結果がわからないから楽しめるものです。劣勢になっても逆転できる可能性があるルールを入れるなど工夫をして、終わりの瞬間まで全員が楽しめるものになるよう調整しましょう。

3)かたよった必勝法が存在していないか

　「このカードを手に入れたら必ず勝つ」「コマをこう動かしたら必ず勝つ」などのパターンが存在すると、ゲームはすぐに遊ばれなくなります。遊ぶ前から結果が決まっているゲームは、ゲームとは言えません。結果がわからないから遊びとして成立するのです。

　例えば、順番が先のプレイヤーや、反対に後のプレイヤーが極端に有利になるゲームなども、同じ理由でつまらなくなり

第3章　ボードゲームのルールは「起承転結」で考える　　77

ます。公平に遊べるルールになっているか、確認しましょう。

4）難しすぎないか

　小さな子ども、ゲームをやり慣れていない人、海外の人など
にも幅広く遊んでほしい場合、楽しみ方を理解してもらえるか
どうかを想像しなければなりません。ルールの説明に30分か
かるゲームは、遊んでもらうハードルが高くなります。難しい
ゲームを作ってはいけないというわけではありませんが、自分
が決めたテーマのゲームを誰に遊んでもらいたいか、よく考え
て調整しましょう。

　ボードやカードに日本語の説明をたくさん書かなければなら
ないゲームは、ルールの説明書があったとしても海外の人が遊
びにくいものになります。もちろんボードやカードの文言を英
語に翻訳する方法もありますが、文字の説明が多いと翻訳する
のも大変ですし、英語が読めない人もたくさんいるでしょう。
年齢や住んでいる国など、どんな人に遊んでもらえるゲームに
したいのかを想定しながらルールを整えていきましょう。もし
かしたらルールをシンプルにすることで、数字、色、マークし
か情報がなくてもたくさんの人が楽しめるUNOのように、10
倍、100倍の人数に届くゲームになるかもしれません。

5）誰かが不快な思いをしないか

　例えば1人が集中攻撃をされて負け続ける場合があったり、傷つくおそれのある表現が含まれていたりするゲームは、あまり良いものではありません。公平にプレイして勝ち負けが決まるゲームなら問題ないですが、今のルールが誰かを悲しませる可能性がないか、さまざまな視点から確認しましょう。

6）実力・運のどちらかにかたよりすぎていないか

　第2章の25ページで、ロジェ・カイヨワがまとめた「遊びの4つの要素」について紹介しました。競争、運、模擬、めまい。ボードゲームでは、この中で特に競争と運のバランスが重要になってきます。

　例えば、上手い人や賢い人が必ず勝つようなゲームだと、なかなか勝てない相手側の人がすぐにやめたくなってしまいます。もちろん将棋のように強い方が勝つゲームはあって良いのですが、自分が作りたいテーマのゲームがそれでいいかどうか、ちゃんと考えましょう。

　また、逆に運だけで結果が決まるゲームもすぐに飽きられます。プレイに自分の能力や考えを反映させる余地がなく、勝っても満足感があまり得られません。サイコロで進むだけの幼児

向けのすごろくは、そんなに何度も繰り返し遊びたくなるものではないですよね。

　競争と運のバランスが取れているゲームは、勝っても負けても、何回も遊びたくなります。どちらかにかたよりすぎていたら、競争要素と、運要素を足し引きしてみましょう。

7）プレイヤーの心が動き、会話が弾んでいるか

　「転」のくだりで説明したように、プレイヤーみんながワクワクドキドキしながらちゃんと楽しめているかどうか、会話が弾んでいるかどうかを、テストプレイで観察しましょう。本気でゲームにのめり込んでいるか。プレイヤー同士が仲良くなっているか。人をより仲良くさせることができるのはゲームが持つ大きな効能です。楽しい時間を作れるゲームになるよう、調整を繰り返しましょう。

　第2章の28ページで紹介した、バートルテストの4つのゲームプレイヤーのタイプもヒントになります。アチーバー（達成したい人）、キラー（勝ちたい人）、エクスプローラー（探究したい人）、ソーシャライザー（交流したい人）。いろいろなタイプの人がいるので、1つのゲームで全員を同じくらい満足させるのは難しいかもしれません。「自分が作ったゲームで特に

80

楽しませたいのはこんなタイプの人！」と決めて、それができているかどうか考えながら調整をしていくと、いいゲームが完成しやすいでしょう。

　以上、他にもチェックポイントはたくさんありますが、目指すのは、「何度も遊びたくなるゲーム」です。
　いいゲームは、遊んだ後、また遊びたくなるものです。1回しか遊ばれずに、もう誰にも触ってもらえなくなると、寂しいですよね。いろいろな視点から、「もう1回遊びたくなるかどうか」を観察していきましょう。

　僕は、ルールがほぼできあがってからも、最後の細かい調整に半年かけたり、1年かけたりすることもあります。そして、発売後でも改善し続け、品切れになってから追加印刷をするときに修正を加え続けているゲームもあります。ゲームの面白さの進化に限りはありません。

　最後にもう1つ、大事なことをお話しします。
　テストプレイは、反省会ではありません。「テストプレイは悪いところを見つけて直すためのもの」と思っていると、それ

だけで億劫になってしまい、良い調整ができなくなってしまいます。人に遊んでもらって意見をもらうときは、面白いポイントもたくさん教えてもらいましょう。

　どんなゲームにも、良いところがあります。ただ、さらにあと一歩面白くしようとし続ける気持ちが、ゲームをより良いものにします。前向きに、とことん楽しみながらテストプレイをしていきましょう。

　テストプレイの目的は、自分の作るゲームをもっと好きになり、自信を持つことでもあるのです。完成したときに、自分のゲームを嬉しそうに人にすすめられるように仕上げましょう。

【起承転結の実例】

　それでは、ここまで説明したことをおさらいするために、具体例を挙げてみます。

◉ 起

　サトウ君は、自分の関心ごとを、強み・弱みマップを使ったり、潜在欲求探しをしたりしながらリストアップしました。

その結果、自分は「魚釣り」が特に好きで、もっと上達したいし、釣りの楽しさを広めたいと思っていることがわかりました。

　そこで、魚釣りをテーマにしたボードゲームを作ることにしました。

● 承

　海から魚を釣るゲームを表現しようと考えたサトウ君は、カードを引いて魚釣りを体験するゲームを作ろうとひらめきました。知っているゲームを参考にしたり、世にあるゲームのルールを調べたりしながら、カードを広げて裏返しに置き、トランプの神経衰弱や百人一首を使った坊主めくりのようにカードを引く方法で魚釣りを表現しようと考えました。どんな魚のカードを入れるか、それぞれの魚を釣ったときの得点をどうするかを決めるために、図鑑で魚の種類や釣る難易度を調べ、情報を集めました。

　100円ショップで買った白いカードに、魚の絵と名前、得点を書いて、それらを裏返し、プレイヤーが順番にカードを1枚ずつめくっていって、出た魚を釣る（カードを獲得する）ゲームを作り始めてみました。最後に合計得点が高い人の勝ちです。

第3章　ボードゲームのルールは「起承転結」で考える　　83

これで、ゲームのおおまかなルールのイメージができました。

● 転

　しかし、ただカードを順番にめくって出た魚の点数を競うだけでは、運だけで結果が決まってしまうし、あまり面白くなさそうな気がします。途中で1位の人が決まってしまい、逆転することが不可能になってつまらなくなることも起きそうです。そして何より、魚釣りっぽくありません。

　そこで、実際に魚釣り大会を実施するなら、参加者の感情はどんなふうに動くか、どんなセリフが飛び交うかなどを考え、以下のような仕掛けをルールに入れることにしました。

・釣り針が引っかかったかと思ったら、釣り逃がす → いろいろな魚カードがあり、確実に釣れる魚もいれば、サイコロを振って出た目によっては逃げられてしまう大物の魚もいる。カードは2枚めくって、どちらの魚を狙って釣ろうとするか決められるようにする。プレイ中「あ〜」「くっそー、残念！」などのセリフが生まれることを仕掛けられる。

・釣り針が同時に引っかかる → 「横取りカード」を引いたら

84

それを持っておくことができ、他の人が魚カードを獲得しようとした瞬間に、奪える。最後までドキドキしながらゲームを進められ、プレイ中、「え～、やめてよ！」「よっしゃ！　逆転だ」などのセリフが生まれることを仕掛けられる。

◉結

　あとは、家族や友達を誘って試しに遊んでみました。「転」で想定した感情の動きやセリフがプレイヤーの間で起きているかを観察し、遊んでもらった人たち全員に、面白かったところ、違和感があったところ、つまらなくなった瞬間などをヒアリングしました。さまざまな意見がもらえたので、その中から自分が重要だと感じた意見を素直に取り入れてみて、ゲーム内容を調整していき、ルールを完成させました。

　いかがでしたか？　ここまで読んで、ゲームづくりに挑戦できるイメージが湧いていれば、あとは試しにやってみるだけです。

　ゲームづくりで大切なのは、起承転結のプロセスを進めながら、うまく行かず行き詰まったら、何度も前の段階に戻ること

第３章　ボードゲームのルールは「起承転結」で考える　　85

です。例えば「結」の段階でテストプレイをしてみて、根本的にゲームがうまくできていないことに気づいたら、「承」に戻って1から基礎ルールを作り直す方がうまく行くことも多いです。みんなと一緒に遊んでみたら、自分が作りたいテーマではなかったと気づくこともあります。そんなときは「起」に戻って、テーマから考え直すことも必要かもしれません。

　ボードゲームづくりは探究であると、第1章でもお伝えしました。面白いゲームを作る試行錯誤は、探究活動を特に理解しやすい例です。9ページに載せた「探究のプロセス」の図はまさに、ゲームを面白く作り上げるプロセスを示しています。ルールを調整する中で、何度も【①課題の設定】→【②情報の収集】→【③整理・分析】→【④まとめ・表現】を繰り返した末に、最高のゲームができあがります。その過程をぜひ楽しんでみてください。

第4章

自分のゲームを形にして、人に遊んでもらうために

作ったゲームルールを形にする「ものづくり」

　さて、ゲームルールができたら、今度はそれを形にする「ものづくり」をします。作品として完成させ、他の人に遊んでもらえるようにするのです。

　この本ではここまで、ボードゲームを「自分のために作ろう！」というメッセージをおもにお伝えしてきましたが、ゲームはもちろん世の中の多くの人に遊んでもらうためにあります。ボードゲームづくりは、自分の「関心ごと」をおすそわけできる方法です。自分がやりたいテーマをもとに作ったゲームを他の人に遊んでもらえたら、楽しい時間や喜び、笑いなどを提供できるだけでなく、学びや気づきも与えられるでしょう。

　ここからボードゲームのものづくりの方法を説明していきますが、まずは基本となる考え方をお伝えします。「面白い」と「面白そう」の話です。

88

実は、「面白い」より「面白そう」が重要⁉

　クイズです。以下のどちらのボードゲームが「面白い」と思いますか？

A.　ルールが面白いボードゲーム（ルールの面白度 10 点、見た目の面白そう度 5 点）
B.　見た目が面白そうなボードゲーム（ルールの面白度 5 点、見た目の面白そう度 10 点）

　このクイズを学校の授業で出すと、だいたい「A. ルールが面白いボードゲーム」の方が面白いに決まっていると回答されます。遊びが面白い方が面白い。当然の考え方ですよね。

　では、次の場面を想像してみてください。あなたは友達の家に遊びに行きました。そこには、あなたの知らないボードゲームがいくつかありました。友達は、好きなゲームを遊ぼう、と誘ってくれました。
　あなたは、見た目やタイトルが面白そうなゲームと、面白く

第 4 章　自分のゲームを形にして、人に遊んでもらうために　89

なさそうなゲーム、どちらを遊びたいと思いますか？

　もちろん、選ぶならまず見た目が面白そうなゲームですよね。

　では、そのときあなたに選ばれなかったゲームが、実はルールがものすごく面白いものだったとしたら？

　もしそうだとしても、そのルールが面白いゲームは、あなたに何の面白さも提供することができません。だって、遊ばれなかったわけですから。選んで遊んだゲームが、面白さはそこそこでも、少しは楽しい時間を提供してくれたのなら、そのゲームの方があなたにとって「面白かった」ことになります。

　遊ぶことを選んでもらえないゲームは、誰にも、何の価値も与えられないのです。

　ボードゲームを作って形にして、いくらルールが面白くても、見た目が面白くなさそうで誰にも遊んでもらえなければ、「面白い」とは言えません。「遊んでもらえたら、面白いのに！」といくら叫んでも、届かないものは届きません。現実に、おも

90

ちゃ屋さんやインターネットショップでは、個人が作った作品も含めて、膨大な種類のボードゲームが販売されています。それらは遊んだら面白いゲームばかりでしょう。しかし、その中の多くは、この世のほとんどの人に一度も遊ばれることがないまま、いつしかお店から撤去されていきます。

　さて、あらためて、

A.　ルールが面白いボードゲーム（ルールの面白度 10 点、見た目の面白そう度 5 点）
B.　見た目が面白そうなボードゲーム（ルールの面白度 5 点、見た目の面白そう度 10 点）

どちらが面白いでしょう。

　この問いにはっきりとした正解はありません。当然、A のゲームを遊んで面白さを知った人にとっては A の方が面白いでしょう。しかし、B を選んで遊ぶ人が圧倒的に多い場合、B のゲームは 5 点の面白さをたくさんの人に提供し、A のゲームはほんのわずかな人にしか面白さを提供しません。

第 4 章　自分のゲームを形にして、人に遊んでもらうために　　91

このたとえ話で伝えたいのは、ゲームを面白そうなものとして完成させることがいかに重要か、です。適当に鉛筆で絵を描いて、字も読みにくく、消しゴムで消した跡がたくさん残ったまま、よれよれの紙で完成させたゲームが、せっかくこだわった自分のゲームルールを台無しにしてしまうこともあります。

ゲームを面白そうに作る3要素

「面白そう」の重要性をわかっていただけたと思うので、ここから、どうすればボードゲームを面白そうに作れるか、そのコツをお伝えしていきます。

ボードゲームの構成要素を以下の3つに分けて説明します。

① パーツ（部品）
② グラフィック（絵）
③ テキスト（文字）

順に説明します。

図 11　最近の人生ゲーム。立体的なボードやカラフルなグラフィックなどワクワクさせる工夫が詰まっている ©1968, 2023 Hasbro. All Rights Reserved. ©TOMY

● パーツ（部品）

　まず、どんな素材のどんな部品でゲームを構成するのか。つまり、作るための材料選びが必要です。

　ボードゲームのおもな材料は紙であることが多いですが、選択肢はいろいろあります。布、木、プラスチック……。テーマやルールから考えて、自分のゲームは何を材料にして作ったら魅力的なのかを考えます。

　ここで特に意識してほしいことが、「そのゲームにどれくらいの立体感を持たせるか」です。人生ゲームはすごろくタイプのシンプルなゲームでありながら、ボード上に山を模した立体

第 4 章　自分のゲームを形にして、人に遊んでもらうために　　93

的な道があったり、家やビルなどの建物が建っていたりします。いわゆる装飾です。なくてもルールは変わりません。しかし、立体的なボードを見ると、面白そうに感じてワクワクします。人生ゲームでは、象徴的な大きいルーレットや、人を乗せられる車形のコマも大事な役割を果たしていますよね。

　ボードゲームは、テーマを疑似体験する遊びです。ルールをなぞるだけであれば、白紙に鉛筆で手書きしたもので遊ぶことができますし、テストプレイはそのくらいの試作で進めても構いません。しかし、他者に遊んでもらう作品を作るときには、ゲームの世界に没入してもらえないと面白さが格段に減ります。人生ゲームと全く同じルールのゲームを白紙に鉛筆で手書きしたもので遊んだら、果たしてワクワクするでしょうか？

　とは言え、決して平面の紙だけで作ると面白さが減るということではありません。例えば、「マジック：ザ・ギャザリング」などのトレーディングカードゲームは、余計なものを必要とせず、カードと最小限の小物だけで遊べるからこそ魅力的です。
　自分が作りたいゲームは、どんな材料のどんなパーツで構成すればいいか、考えてみてください。

また、ゲームを入れる箱や袋などの「パッケージ」をどうするか、も大切です。立派な箱に入っていることで、それを開ける瞬間からすでにワクワクする遊びが始まり、その後ゲームで遊ぶことに夢中になれたりします。

　取扱説明書も、紙に書いて用意するのか、立派な冊子にするのか、あるいはブログなどの Web サイトに記載して、QRコードで読み取ってもらうのか。どうすれば「面白そう」になるのか考えましょう。

● グラフィック（絵）

　次に、どんな画像や色などを使った視覚的表現をするか、つまりグラフィックを考えます。これも、人生ゲームを例に説明しましょう。

　人生ゲームは、コース上のマスに文字で出来事が書かれています。このコースを中心に、その周りにはいろいろなイラストが描かれています。ゲームで使うお金（お札）にも特徴的なデザインがほどこされています。平面のデザインだけでなく、ルーレットのカラフルさも、一度見ると忘れられないインパクトを出しています。

　どんなグラフィックにするか。当然重要です。自分のゲーム

第4章　自分のゲームを形にして、人に遊んでもらうために　　95

を魅力的に表現するために、誰かに絵を描いてもらうのか、自分で描くのか。絵を描くときにはどんな画材を使うのか。手描きか、パソコンを使うのか。絵ではなく、写真を撮影してプリントするのか、など。もちろん、モノクロでデザインするからこそ、表現したいゲームテーマが魅力的になる場合もあります。世にあるさまざまなボードゲームをいろいろと見て参考にしましょう。

　1つ注意点があります。パソコンで作る場合、インターネット上にある画像を使う方法も考えられるかもしれませんが、検索して見つかる多くの画像は無断で使うことを禁止されています。勝手に使うと法的に罰せられることもあります。「商用利用OK」などと書かれているサイトもありますが、よく規約を読むと、細かい条件がついている場合が多いです。画像生成AIを使って画像を作る場合も要注意です。インターネット上の画像を使う場合は、利用ルールをきちんと確認するようにしてください。作ったものを販売する場合は、インターネット上のほとんどの画像は勝手に使ってはいけないと思ってください。

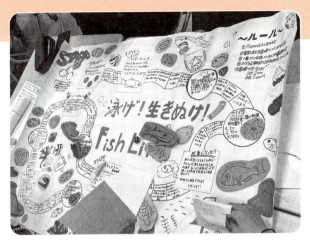

図12 僕が担当した授業で高校生が作ったボードゲーム。かわいいイラストと勢いのあるタイトルが「面白そう」と感じさせる(写真提供:順天高等学校　協力:株式会社ミエタ)

● テキスト(文字)

　僕はボードゲームのつくり方を学校などで講義するとき、ゲーム名(タイトル)を重視してほしいと伝えています。同じ内容のゲームで、タイトルが「忍者すごろく」と「だまし合い!忍術おにごっこ」だったら、どちらが面白そうですか?　名前や短いキャッチコピーを見ただけで、面白そう、やってみたい!　と思わせることができれば、遊んでもらいやすくなります。言葉には伝える力があります。言葉の力を使わない手はありません。ゲームのボードやカード、箱などにどんなタイトルやキャッチコピーをデザインしたら面白そうになるか、考えてみましょう。

また、ボードのマスに書かれた文章や、カードに書かれた説明文なども、どうしたらあと一歩面白くなり、遊びながら会話が弾むかを考え抜いてみてください。人生ゲームのマスに書かれている出来事の表現は、しゃれが利いていて面白いです。2023 年に発売された 8 代目「人生ゲーム」では、「推しのグッズを買い過ぎた。＄2,000 はらう」とか、「直毛の羊を発見！　＄16,000 もらう」などのマスがあり、止まると思わず読んで笑ってしまいます。

　このような言葉の表現の魅力も、ボードゲームが面白そうに見えるかどうかに大きくかかわってきます。いろいろと工夫をしてみましょう。

あなたが作るゲームは、1 点もの？　量産型？

　ボードゲームの「ものづくり」には、大きく分けて 2 つの形式があります。

　①1 つだけ作る「工作」
　②たくさん作って配ったり売ったりする「量産」

順に説明していきます。

①1つだけ作る「工作」

　ボードゲームは、たくさん作ることを考えなくても、まずはたった1個を形にして完成させれば充分いろいろな人に遊んでもらえます。この場合、つくり方のルールは特になく、先ほど説明した「パーツ（部品）」「グラフィック（絵）」「テキスト（文字）」を考えて作ってみるだけです。

　材料は100円ショップや文具店、ホームセンターなどで手に入りますし、捨てるはずだったものを活用することもできます。

　ボードを、段ボールで巨大に立体的に作ることもできるし、折り紙を使って「貼り絵」でグラフィックを作れるかもしれません。コマに磁石を入れて、金属を使った壁にくっつけながらコマを進めさせることなども考えられます。粘土で作った凝ったフィギュアをコマにすることもできるでしょうし、輪ゴム、ビー玉、ひも、バネなどを使ってルールにアクション性を持たせることもできます。

第4章　自分のゲームを形にして、人に遊んでもらうために　　99

僕は全国の学校でボードゲームづくりの授業を行っていますが、ある学校のクラスで、ジャングル探検をするボードゲームを作ったグループがありました。はじめはカラーペンで平面の模造紙に絵を描いているだけでしたが、完成させる段階で、折り紙で木を作ってボードを立体的なジャングルのようにし、厚紙でジープ形のコマを作ったら、他のグループの生徒たちが集まってきて大人気になっていました。

1点ものを工作で作る場合の強みは、なんでもできることです。もちろん危険な材料（ガラスの破片や火が出るものなど）を使ってはいけませんが、安全に遊べる範囲で、自由な発想のものづくりをしてみましょう。

②たくさん作って配ったり売ったりする「量産」

知り合いと遊ぶだけでなく、自分が作ったゲームを世の中にもっと広めたいときは、ある程度の数を作って配ったり販売したりする方法が考えられます。そのように同じものを複数作ることを「量産」といいます。量産にはいろいろなコツがいるし、お金もかかるので難易度は上がるかもしれませんが、やり方を簡単に説明しておきます。

まず、ボードやカードなど、紙を主な材料として作る場合は、印刷してくれる会社をインターネットで探すとたくさん見つかります。その印刷会社の指定する形式で画像データを作って、作りたい個数を決めて注文をすれば、10セットでも、100セットでも、1000セットでも、まったく同じボードゲームのセットが完成して届きます。箱や取扱説明書も作れますし、木でできたコマパーツや、サイコロなども大量購入をしてセットに入れることができます。こうして作れば、イベントなどで売ることもできますし、インターネット通販をすることもできます。

　量産の難しいポイントは2つです。
　1つ目は、パソコンでデザインを作る知識や能力が必要であることです。多くの場合、「Adobe Illustrator」などのアプリケーションでデザインを行い、入稿する（印刷会社へ渡す）データを作ります。最近は「Canva」などオンラインで使えるグラフィックデザインツールでPDFという形式のデータを作って入稿できる印刷会社も増えてきましたが、いずれにせよ、魅力があるデザインを作るためにはデザインスキルが必要になります。

2つ目は、お金がかかることです。トランプ程度のゲームを箱と取扱説明書付きで100個作ると、印刷代だけで何万円〜何十万円という桁の金額になります。この費用を用意しなければなりません。販売して代金をもらう予定だとしても、商品が売れなければ赤字になってしまいます。紙以外の凝った材料を使う場合、費用はさらに上がります。クラウドファンディングでお金を集めるというやり方もありますが、そう簡単なことではありません。

量産したい場合は、ゲームの面白さや、面白そうに見える工夫のほかに、「売る」工夫が必要になります。ものを上手く売る方法は一口に説明することが難しいので、本書ではそこまでくわしく語りませんが、興味のある方は勉強してみてください。

自分で量産せず、ゲームの画像データをインターネット上にアップしておく、という広め方もあります。北海道開発技術センターが企画し、僕がルール開発のお手伝いをした「シーニックバイウェイすごろく」もその形式で、ダウンロードしプリントアウトすれば誰でも遊べます。

帯広畜産大学が企画し、僕がルール開発を担当した、野生動

物の食物連鎖を学べるゲーム「食って食われて」もこの形式です。それぞれへのリンクを岩波書店の書誌ページに掲載していますので、よかったらダウンロードして遊んでみてください。平面の紙だけでゲームが構成されている場合は、この方法を検討してもいいかもしれません。

岩波書店の書誌ページ
https://iwnm.jp/027262

　まとめると、ものづくりの方法ごとに異なるメリットがあります。
　1点ものを工作で作る場合、量産できるかどうかを気にすることなく自由なものづくりができます。
　量産すれば、自分がまだ出会ったことのない世界の人に自分の作品が届く可能性があります。
　順番として、まずは1点ものを工作してみるのがおすすめです。たくさん作ってから、ゲームの内容に間違いや良くない箇所が見つかると取り返しがつきません。1つ作って、いろいろな人に遊んでもらって、「もっとたくさんの人に届けたい！」と思えたら、量産も考えてみると良いでしょう。

僕が以前担当した高校の「総合的な探究の時間」の授業の
ゴールとして、実際にカードゲームを数種類、少ない数だけ量
産してイベントで販売したことがあります。簡単にできること
ではないかもしれませんが、これこそ、探究の重要なプロセス
です。いくつかのゲームを並べて販売し、お客さんがどのゲー
ムを買っていくのか。どんなゲームが売れて、どんなゲームが
売れないのか。目の前で売れ行きを見ることで得られる学びは
とても大きいものです。失敗や成功を経験して、次はそのゲー
ムをどう進化させていけばいいのかがようやく見えてくるので
す。

ゲームを人に遊んでもらう場面や、誘い方は？

　自分で作ったボードゲームを遊んでもらうには、他の人に作
品を紹介したり、遊んでもらえるように誘ったりする必要があ
ります。想像すると、人に自分の作ったゲームを遊んでもらう
のは結構緊張することですよね。「面白くないと言われたらど
うしよう」「誘っても断られたらどうしよう」など。

　プロとしてゲームを作っている僕でも、自分が新しく作った

ゲームを初めて人に遊んでもらうときは少し緊張します。これは当たり前のことです。

この本を通して伝えてきたように、ゲームづくりは探究であり、作ったゲームは改善し続けるものです。初めて遊ぶ段階で完璧に面白いものになっているはずがありません。人に遊んでもらわなければ、そのゲームが良いか悪いかいつまでもわかりません。

ここでは、人に遊んでもらいやすくなる声のかけ方や準備のコツを2つ紹介します。緊張せずに自分の作ったゲームを他の人と楽しめるように、参考にしてみてください。

1)「テストプレイに協力してほしい」と言う

まずおすすめなのが、「探究活動で実験をしているので、協力してほしい」と正直に伝えることです。お昼休みなどの時間を利用して、「あなたの意見も参考にしながら面白いものにしたいから、協力してくれないかな」と伝えると、ほとんどのクラスメイトは嫌がらないと思いますし、ゲームが未完成でも相手を嫌な気持ちにはさせません。テストプレイには、ゲームが

どんどんいいものになっていく楽しさがあります。その楽しさをみんなで分かち合いましょう。

　公然と遊べる場を作ることもおすすめです。例えば、文化祭などの展示でゲームを遊べるようにして、来場するいろいろなお客さんに遊んでもらうなどの方法もあるでしょう。そのときに、「感想を集めています。ご協力ください！」などとお願いをする形式にしておくと、たくさんの方が参加してくれるかもしれません。

2)遊び方マニュアルを楽しそうに、わかりやすく作っておく

　世の中で広く遊ばれるゲームの条件は、「ルール（遊び方）の説明が難しくなく、楽しいこと」です。ルールを知っている人が、自慢げに、意気揚々と遊び方を他のみんなに説明できるゲームは、どんどん広まっていきます。大人でも、友達を集めてボードゲーム会を開催する人がたくさんいます。そういう人たちは、そもそもゲームの遊び方をみんなに説明することが好きで、それを一番の楽しみとしてゲーム会を開いていることもあります。

自分が作ったゲームを遊んでもらうために大事なポイントの１つが、ルールの説明書(遊び方マニュアル)をできるだけやさしく、楽しそうに作っておくことです。最初にゲームのだいたいの内容がわかる１分程度の短い説明をしておき、詳しい遊び方はプレイしながら理解してもらうようにするとスムーズです。最初の説明に何十分もかかるゲームは、その時点でみんなを疲れさせてしまいます。どんなふうに伝えたらゲームを楽しく始められるかを考えてみましょう。例えば４コママンガを用意して、それを読んだらイメージがわかるようにしておく、などの工夫も効果的です。

　これをやっておくと、みんなをゲームに誘うときに緊張が減るという効果もあります。「一緒に遊ぼう」と誘うとき、自分が緊張していると相手も不安になるし、「あまり面白くないゲームなのかも」と思ってしまいますよね。ニコニコしながらゲームの説明をできるように準備しましょう。

　話すのが苦手であれば、あらかじめ遊び方の説明動画を作っておく方法も有効です。動画を YouTube に置いておくのもいいでしょう。いまや、遊び方動画がないボードゲームの商品な

第４章　自分のゲームを形にして、人に遊んでもらうために　　107

どないのではないかと思うくらい、検索するとさまざまな動画が見つかります。美しく編集した動画である必要はありません。僕も、販売した商品で遊ぶ様子を、スマートフォンを固定して撮影し、簡単なテロップをつけただけでYouTubeに置いておくことがあります。それだけで、ルール説明が楽になります。

　以上、ここでは自分のゲームを遊んでもらう誘い方を2つ紹介しましたが、自分のゲームを心から面白いと思えていたら、そんなに心配する必要はありません。「遊ぼうよ！」と誘ってみるだけです。まずは身近な人に遊んでもらい、盛り上がらなかったら修正していけばいいし、誰と遊んでも盛り上がる状態になったら、もっと広くたくさんの人に自分のゲームが届く方法を考えてみましょう。

ボードゲームづくりを通して、自分の気持ちと、他人の気持ちを一緒に考えられる

　この章の最後にあらためて。ボードゲームは自分だけでなく他の人も喜ばせるためのツールです。自分が楽しいと思えるゲームを生み出してみんなで遊び、自分と気の合う人たちが喜ん

でくれたら、これほど嬉しいことはないでしょう。

　ほとんどのボードゲームは他の人と一緒に遊ぶものです。他の人も楽しめるゲームを作らないと、誰とも一緒に遊べなくなり、楽しさが生まれませんよね。作ったゲームをいずれ量産して発売したいならなおさらで、下手をすると全然売れないものになってしまいます。

　他の人に楽しんでもらうためには、まずはやっぱり、自分自身が心から面白いと思えるゲームを作ることが重要です。「自分は面白いと思わないけど、他の人は面白がるだろう」なんていう想像で作ったものなんて、面白いはずがありません。

　そして、その次に「このゲームは、他の人にとっても面白いのだろうか？　面白そうに見えるのだろうか？」と考えてみてほしいです。

　ボードゲームづくりは、自分にとっての面白いと、他者にとっての面白いを、並行して考える作業です。この感覚を養えば、将来、どんな仕事に就いても活躍できます。さまざまな職業を思い浮かべてみてください。いろいろなお店の店員さん、

第４章　自分のゲームを形にして、人に遊んでもらうために　　109

お医者さん、学校の先生、乗り物の運転手さん、物を作る人
……。仕事は社会の人々を助け、喜ばせる活動です。しかし、
どんな職業の人も、自分の喜びを無視しては、他の人を喜ばせ
ることなどできません。自分を犠牲にして誰かの幸せだけのた
めに仕事をし続けることなど不可能ですよね。

　自分も他の人も喜ぶ営みが、仕事なのです。

　ボードゲームづくりは、大人になってから携わる仕事の練習
でもあります。「自分も他の人も喜ぶゲームとは何だろう」と
考え、試行錯誤をすることで、社会全体の幸せを作る能力が自
然と身についていきます。

　ゲームづくりを学び、挑戦することで、将来やりたい仕事も
想像しながら成長していきましょう！

110

おもな参考文献

『アイデアのつくり方』ジェームス・W・ヤング，今井茂雄訳（CCCメディアハウス，1988）

『ボードゲームカタログ202』すごろくや編（スモール出版，2018）

『1日1アイデア　1分で読めて、悩みの種が片付いていく』高橋晋平（KADOKAWA，2023）

『ソーシャルゲームはなぜハマるのか　ゲーミフィケーションが変える顧客満足』深田浩嗣（SBクリエイティブ，2011）

『本当に面白いボードゲームの世界 Vol. 01～04』『本当に面白いボードゲームの世界』編集部（太田出版，2022-2024）

『世界のゲーム辞典』松田道弘（東京堂出版，1989）

『遊びと人間』ロジェ・カイヨワ，多田道太郎・塚崎幹夫訳（講談社学術文庫，1990）

『ゲームメカニクス大全 第2版 ボードゲームに学ぶ「おもしろさ」の仕掛け』Geoffrey Engelstein, Isaac Shalev，小野卓也訳（翔泳社，2023）

『自分だけのボードゲームを作ろう　ゲームをデザインして、作って、みんなでプレイする』Jesse Terrance Daniels，金井哲夫訳（オライリー・ジャパン，2022）

おわりに
世界のすべてがゲームになったら

　この本を読んで、ボードゲームづくりをやってみたくなった人が1人でも増えたら、本当に嬉しく思います。

　あらためてお伝えしますが、ボードゲームづくりはとても分かりやすく、誰にでもおすすめできる「探究活動」です。どうすれば人が面白いと感じるゲームになるか、どうしたらそのゲームを通して学びや成長が得られるのかを試行錯誤し、探究のプロセスを回す。それは自分自身がどんな人間なのかを知る楽しい作業です。自分が満足するゲームを自分の手で完成させることで、自分自身が何に興味がある人間で、何を喜びに感じるかがわかるでしょう。多くの人がそんな体験をしてくれたら幸いです。

　最後に、僕が自分の仕事を通して叶えたい夢を紹介しながら、皆さんにちょっとしたお誘いをします。

おわりに　113

僕がおもちゃ開発者という職業を続け、ゲームを作り続けている理由は、この世の全てを「ゲーム化」したいからです。
　世の中にはいろいろな仕事、いろいろな活動、そしていろいろな問題があります。

　今の時代は怒りやモヤモヤを感じることが多く、インターネット上でケンカが起きたり、国同士が争ったりしています。日常のストレスもいろいろあるでしょう。
　そんな中、すべての問題、苦手、心の悩みごとなどを、遊ぶようにゲームで解決することができたなら、素晴らしい世界になると思いませんか？

　これから将来、社会人になって仕事をする全ての方々に、おもちゃやゲームの開発者になってほしいとは言いません。ですが、もしそんな世界に興味を持ってくれるなら。
　皆さんそれぞれが、大人になっていろいろな職業についたときに、自分の仕事で提供する商品やサービスに、ちょっとだけゲーム要素を入れられないか、考えてみてほしいのです。

　例えば病院を「ゲーム化」するとしたら、どんなことが考え

られますか？　皆さんの柔らかい頭で想像してみてください。
僕も医療の専門家ではありませんが、まずは、自由な想像を
働かせて楽しんでみましょう。

・症状が治ることをミッションとし、それを目指してみんな
　で交流しながら、ポイントやスコアをつけていく？
・健康のための運動ができるゲームを患者さんに処方する？
・病院選びを、性格診断ゲームでできるようにする？

　　ゲームの考え方を使えば、あなたが少し面倒に思っている活
動を、楽しみながら進められるようになります。勉強はもちろ
ん、部活、仕事、人とのコミュニケーション……。

　　日本が世界に誇る産業の１つがエンターテインメントです。
日本のアニメや漫画、キャラクターなどは世界でも大人気だし、
日本に旅行に来る海外の人もたくさんいます。音楽も人気です。
そしてもちろん、日本のゲームも世界最高レベルのクオリティ
を誇っています。
　　みんなで一緒に、ゲームの力で世界中の人々の暮らしを楽し
く幸せなものにしていきましょう。

おわりに　115

もちろん、おもちゃ・ゲームなど、エンターテインメントの開発者になりたいと思っている人がいたら、いつかそうなったときに僕に会いに来てくれることも楽しみにしています。

　最後まで読んでいただき、ありがとうございました！

　　　　　　　　　　　　　　　　　　　　　高橋晋平

高橋晋平

株式会社ウサギ代表取締役／おもちゃクリエーター。株式会社バンダイに約10年間勤務した後、2014年より現職。国内外累計335万個を発売し、第1回日本おもちゃ大賞を受賞した「∞(むげん)プチプチ」を始め、これまで150以上のおもちゃやゲーム、遊び系事業の企画開発・マーケティングに携わる。アイデア発想に関するTEDトークが世界30か国以上の言語で配信され、これまで200万回以上再生されている。全国での授業や講演・研修実施も多数。著書に『1日1アイデア』(KADOKAWA)など。
X：https://x.com/simpeiidea

岩波ジュニアスタートブックス
ボードゲームづくり入門

2025年4月18日　第1刷発行

著　者　高橋晋平（たかはししんぺい）

発行者　坂本政謙

発行所　株式会社　岩波書店
〒101-8002 東京都千代田区一ツ橋2-5-5
電話案内 03-5210-4000
https://www.iwanami.co.jp/

印刷・三秀舎　製本・中永製本

Ⓒ Takahashi Shimpei 2025
ISBN 978-4-00-027262-9　NDC 798　Printed in Japan

Iwanami Junior Start Books
岩波 ジュニアスタートブックス

新しい「学び」を楽しむ！

君の物語が君らしく
——自分をつくるライティング入門

澤田英輔

書くことが楽しくなるライティング入門です。他人と比べず、他人の評価に縛られず、自分のために自分の気持ちを自由に書いてみませんか？

コミュニケーションの準備体操

兵藤友彦
村上慎一

「からだ」を使った演劇表現のレッスンや、自分の思いや考えを伝えるための「ことば」のエクササイズで、コミュニケーションの力を身につけよう。

岩波書店
2025年4月現在